メンデルと遺伝

ウィルマ・ジョージ　　新美景子／訳

玉川大学出版部

Acknowledgements

The author and publisher thank all those who have given their kind permission for reproduction of the illustrations that appear on the following pages:
British Library Board, 17, 54, 111 bottom; Curators of the Bodleian Library, 10, 39; Librarian of the Botany School, Oxford University, 44, 46, 47, 52, 61, 63 left, 95 bottom, 100; Librarian of Lady Margaret Hall, Oxford, 55, 58, 66, 90 right, 95 top, 111 top, 128 right; Macmillan Press Limited, 120 left; Dr. Vitezlav Orel of the Moravian Museum, Brno, 3, 11, 19, 22 left, 24, 27, 29, 33, 31, 41, 43 top, 71, 74 top, 77, 88, 90 left, 93, 94, 99, 101, 102, 103; Science Museum, 9 bottom; Dr. George Varley of the Hope Department, Oxford University, 40, 131.

The author also wishes to thank George Crowther for his criticism and Gareth Stevens for his constructive editing.

はじめに

新美景子

メンデルは、まだ「遺伝子《いでんし》」や「DNA」というものがほとんど知られていない時代に、だれも明らかにすることができなかった「遺伝《いでん》の法則《ほうそく》」を発見しました。どのようにしてこの重要な法則《ほうそく》にたどりついたのでしょうか。

メンデルは農家の一人息子《ひとりむすこ》として育ちました。父親は仕事熱心で、果樹《かじゅ》や家畜《かちく》の品種の改良に努《つと》めました。メンデルも父親を手伝いながら、「どうしたら、リンゴや洋ナシがりっぱな実をつけるようになるのか」、それに、「羊毛がたくさんとれる新しい品種のヒツジをつくりだすには、どうやったらいいのか」といったことに興味《きょうみ》をもったかもしれません。

けれどもメンデルは、畑仕事よりもなにかを学ぶことのほうが好きでした。そこで、学費をはらうのはたいへんでしたが、家族みんなもメンデルが勉強をつづけられるように協力しました。それでも資金《しきん》がつづかなかったので、メンデルはめざしていた大学へ行くのはあきらめて、修道士《しゅうどうし》になる道を選びました。

「え？　修道士《しゅうどうし》？」とふしぎに思うかもしれません。修道士《しゅうどうし》というと、神様につかえ、静かに祈《いの》りをささげるすがたを想像《そうぞう》しますね。しかし1800年代のヨーロッパの修道院《しゅうどういん》は、宗教施設《しゅうきょうしせつ》であるだけではなく、文化や芸術《げいじゅつ》、学問の中心的存在《そんざい》でした。大学に行かずに学問をつづけるには、修道士《しゅうどうし》になるのがいちばんだったのです。とくに、メンデルが入ったブルノの修道院《しゅうどういん》の院長ナップは学問に理解《りかい》があり、修道士《しゅうどうし》たちも、大学で研究したり、教員として近くの学校で教えたりしていました。メンデルは、かれの才能《さいのう》を見ぬいた修道《しゅうどう》院長《いんちょう》の協力のもと、あこがれだった大学で物理学や生物学を学ぶこともできました。そしてこの修道院《しゅうどういん》の庭で、有名な「エンドウの実験」をはじめることになるのです。

実験は、「準備《じゅんび》期間」を入れて8年におよびます。そのあいだにメンデルが育てたエンドウは、一説にはなんと2万8347株《かぶ》！　エンドウが花をつけると、自家受精《じかじゅせい》がおこるまえに、つぼみを開いてピンセットでおしべをぬきとります。そして、べつの花の花粉をめしべにつけ、それ以外の花粉がまざらないように花に袋《ふくろ》をかぶせて番号をふります。こうして豆が実るのを待つのです。実った雑種《ざっしゅ》第1世代《せだい》の豆の見かけはすべて同じ。その豆をまいて育て、こんどは花に手をくわえずに自家受精《じかじゅせい》させて、第2世代の豆が実るのを待ちました。その結果はどうなったでしょう?

かけあわせの実験とかんたんにいいますが、気の遠くなるような根気のいる作業です。これを8年間つづけたのです。だれも、ただの思いつきでこんなめんどうな作業はしないでしょう。メンデルは、こうすればこうなるだろうという仮説《かせつ》をたて、はっきりした目的《もくてき》意識《いしき》をもって、できるだけ正確《せいかく》な結果が出るように実験を計画し、実行にうつしました。

親から子に形質《けいしつ》が伝わるときになんらかの法則《ほうそく》があるらしい、と気づいた人は、メンデル以前にも何人かいました。じっさい、メンデルと同じような結果を観察した人もいたのです。しかし、それを科学的な方法で証明《しょうめい》して法則《ほうそく》をみちびきだしたのは、メンデルが最初です。メンデルはこの実験の結果をブルノの自然研究会で発表し、論文《ろんぶん》にまとめて、当時の第1級の研究者に送りました。ところが、だれひとりとしてほんとうに理解《りかい》した者はいませんでした。当時はまだ、「遺《い》

伝《でん》」という複雑《ふくざつ》な生物の現象《げんしょう》を、メンデルがしたように数学を使って解《と》きあかす方法には、なじみがなかったのです。それでもメンデルはめげずに、ほかの植物を使って実験を続けました。

メンデルの死後16年、発表から35年たった1900年に、メンデルの遺伝《いでん》の法則《ほうそく》は、3人の生物学者によって再発見《さいはっけん》されました。その後の遺伝学《いでんがく》の発展《はってん》はめざましく、いまでは遺伝学《いでんがく》をはじめとする生物学が、自然科学の最先端《さいせんたん》を行く学問として脚光《きゃっこう》を浴びています。毎日のニュースで「iPS細胞《さいぼう》」や「DNA」、「ヒトゲノム」といった話題にふれたとき、そうした科学すべてにかかわる重要な発見をしたメンデルの生涯《しょうがい》に、思いをはせてみてください。

メンデルと遺伝《いでん》

目次

1 序章《じょしょう》

5000年まえの古代ペルシャの紋章《もんしょう》に、ウマの頭部の形を彫《ほ》りこんで、数世代にわたってたてがみと頭の形の遺伝《いでん》を記録したものがある。イギリスでは、ロバート・ベイクウエル（1725～1795年）が、角《つの》が長めのウシどうしの同系交配《どうけいこうはい》（似《に》たものどうしをかけあわせること）によって有名なロングホーン種《しゅ》（角《つの》の長い品種）のウシをつくりだした。アメリカの先住民《せんじゅうみん》は、異系交配《いけいこうはい》（ことなった性質《せいしつ》のものどうしをかけあわせること）によってトウモロコシを改良した。ことなった性質《せいしつ》をもつトウモロコシの変種をかけあわせて、両方の性質《せいしつ》をあわせもった変種をつくりだしたのだ。

このように、遺伝形質《いでんけいしつ》を選択《せんたく》してかけあわせる方法（選択育種《せんたくいくしゅ》）がうまくいくこともあった。しかし、成功ばかりとはかぎらない。かけあわせた結果（子）が、一方《いっぽう》の親だけに似《に》ることもあれば、両親の性質《せいしつ》がまざりあってしまうこともある。また、ときとして祖父《そふ》

ロバート・ベイクウェル（右）と、かれが改良したロングホーン種のウシ（上がオスで、下がメス）。

トウモロコシをまくアメリカ先住民《せんじゅうみん》。

母《ぼ》の性質《せいしつ》に「先祖返《せんぞがえ》り」することもあるのだ。「選択育種《せんたくいくしゅ》」という方法は、じっさいに利用されながらも、成功したり失敗したりする理由は、長いあいだ、解明されないままだった。

ベイクウェルの時代から半世紀がすぎ、19世紀なかばになっても、状況《じょうきょう》はほとんど変わっていなかった。人びとは、家畜《かちく》や作物の改良を勘《かん》や経験にたよっておこなっていた。

1865年、グレゴール・ヨハン・メンデルは、『雑種植物《ざっしゅしょくぶつ》の研究』という論文《ろんぶん》で、形《けい》質《しつ》（見た目のすがたや性質《せいしつ》）はどのように遺伝《いでん》するのか、有性生殖《ゆうせいせいしょく》（オスとメスとの受精《じゅせい》）は遺伝《いでん》にどのようにかかわっているのか、また同じ形質《けいしつ》の遺伝《いでん》がどのようにして単純《たんじゅん》な数学的《すうがくてき》法則《ほうそく》にしたがうのかをしめした。これが、現代《げんだい》の遺伝学《いでんがく》の基礎《きそ》となった。メンデルの法則《ほうそく》にしたがえば、トウモロコシの穂《ほ》の大きさ、ウマのたてがみの質《しつ》、ウシの毛の色がどのように遺伝《いでん》するのかを理解《りかい》することができるのだ。この法則《ほうそく》

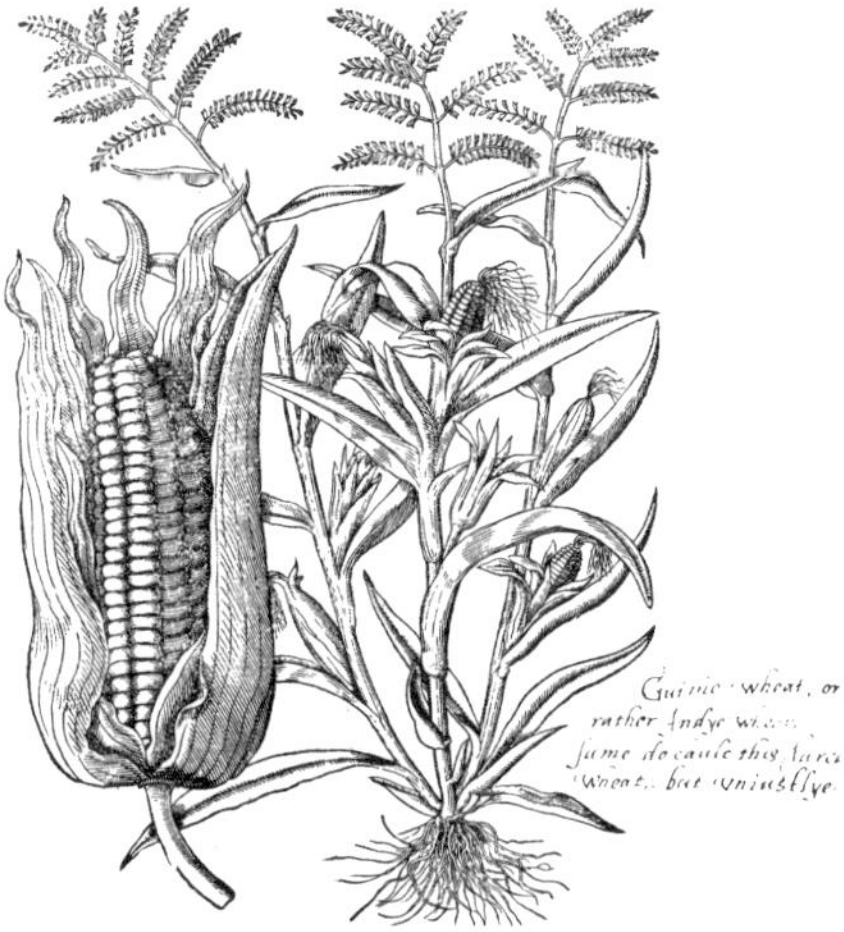

トウモロコシ

P. A. マッチオリ『ペダニオス・ディオスコリデス注釈《ちゅうしゃく》』第《だい》3巻《かん》（1565）より。

は、すべての動植物にあてはまることがわかっている。

しかし、ヒトの遺伝《いでん》は、ほかの動物ほどかんたんに研究することはできない。なぜ、ある家族にはアルビノ（白化《はっか》症《しょう》＝肌《はだ》の色などを決めるメラニン色素《しきそ》をつくる遺伝情報《いでんじょうほう》が欠落し、体毛や皮膚《ひふ》などの色が白化してしまう先天性《せんてんせい》の病気）の子が生まれ、ある家族には耳の聞こえない子が生まれ、またある家族には金髪《きんぱつ》で青い目の子が生まれるのか――などといった疑問《ぎもん》を解決したいからといって、遺伝学《いでんがく》者《しゃ》が結婚《けっこん》する人の組みあわせを決めて研究するようなことはできない。遺伝学者《いでんがくしゃ》は、すでになされた結婚《けっこん》の結果から情報《じょうほう》を得るほかないのだ。しかし、この種《しゅ》の情報《じょうほう》についても、数学的に分析《ぶんせき》する方法が考えだされた。

そして、ヒトとヒトとのあいだの化学的なちがいを識別《しきべつ》する方法が進歩したことは、ヒトの遺伝《いでん》の研究に大変革《だいへんかく》をもたらした。ヒトは、化学的にみて、血液型《けつえきがた》がことなり、

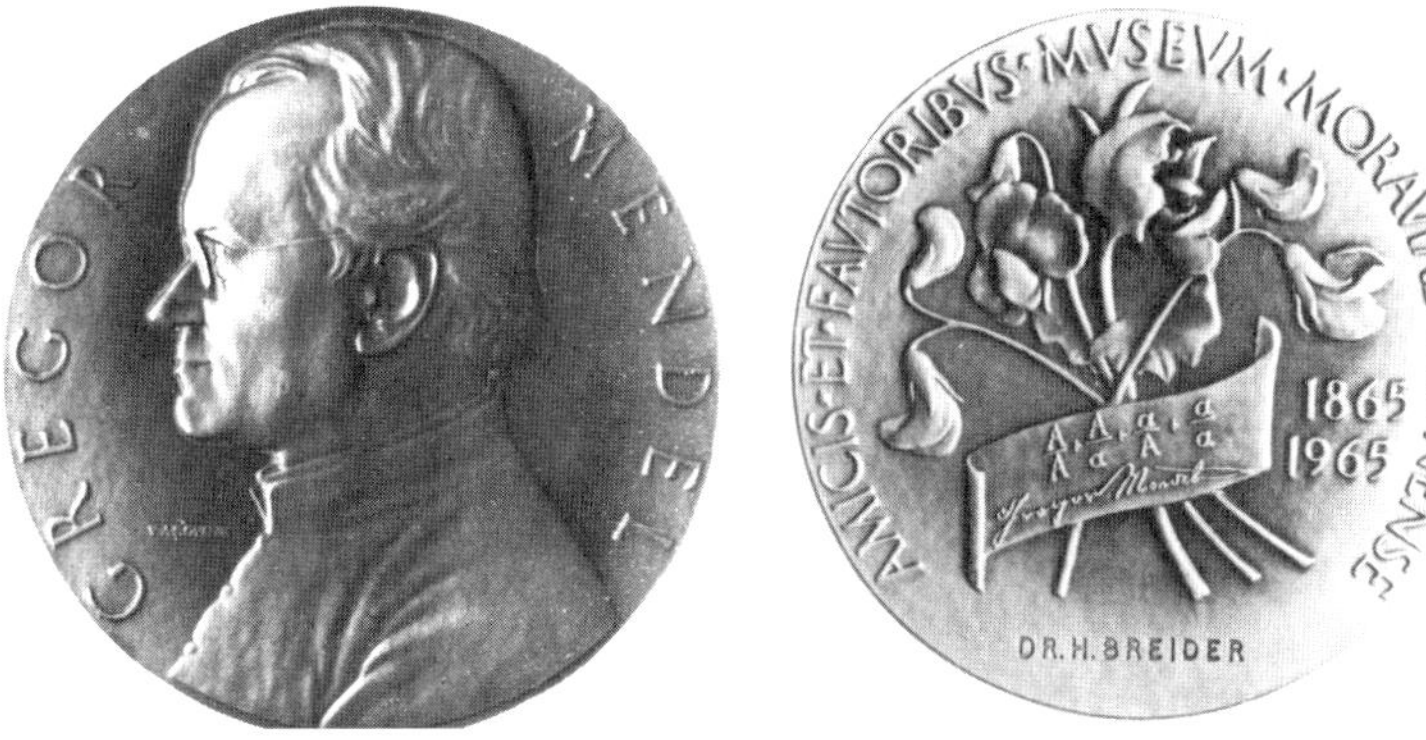

メンデルの論文《ろんぶん》の、ブルノ自然研究会への寄稿《きこう》100周年を記念して発行されたメダル（左が表、右が裏《うら》）。

タンパク質《しつ》にちがいがあり、肌《はだ》や髪《かみ》の色がことなっている。ふつう、こうしたちがいは、血液《けつえき》や皮膚《ひふ》のサンプルをほんのわずかとるだけでたしかめることができる。こうした化学的なちがいも、メンデルの法則《ほうそく》にしたがって遺伝《いでん》する。

あるとき、オリーブ・グリーンさんという女性《じょせい》が病院で赤ちゃんを出産した。しかし、つれてこられた赤ちゃんの手首に巻《ま》かれたラベルには「ブラウン（さんの赤ちゃん）」と書かれていた。そして、その病院で同じころにヘーゼル・ブラウンさんという女性《じょせい》が出産したが、その赤ちゃんのラベルには「グリーン（さんの赤ちゃん）」と書かれていた。ほんとうはどちらがどちらの赤ちゃんなのかをたしかめるために、母親ふたりと赤ちゃんふたりから血液《けつえき》のサンプルがとられた。

オリーブさんの**血液型**《けつえきがた》はO型で、グリーンと書かれたラベルをつけた赤ちゃんもO型だった。ヘーゼルさんの血液型《けつえきがた》もO型だが、ブラウンと書かれたラベルをつけた赤ちゃんはA型だった。この結果だけでは、まだ問題は解決《かいけつ》しない。

そこで、赤ちゃんの父親の血液型《けつえきがた》も調べることになった。ハーブ・グリーン氏は、妻《つま》と同じくO型だった。だから、グリーン夫妻《ふさい》の子どもがO型以外の血液型《けつえきがた》になることはありえない。一方《いっぽう》、ジンジャー・ブラウン氏はA型だった。この場合、かれが、ブラウンと書かれたラベルをつけた赤ちゃんの父親ということになる。つまり、それぞれの赤ちゃんにつけられたラベルは正しかったものの、つれていく母親の部屋をまちがえたのだった。

血液型《けつえきがた》

原著《げんちょ》の出版当時《しゅっぱんとうじ》（1975年）とちがって、現在《げんざい》では「DNA」の解析《かいせき》によって、より正《せい》確《かく》に親子関係を鑑定《かんてい》できるようになっている。DNAとは、細胞《さいぼう》のなかにある二重らせんの形をした分子《ぶんし》で、遺伝情報《いでんじょうほう》がおさめられている。これが遺伝子《いでんし》の本体で、「遺伝情報《いでんじょうほう》の図書館」「体の設計図《せっけいず》」にたとえられる。

血液型《けつえきがた》の遺伝《いでん》のしかたの話は、メンデルの法《ほう》則《そく》を理解《りかい》するための例として、今日《こんにち》でも教科書などでとりあげられている。

かんたんに説明すると、O型の人はみな「OO型」というなりたちの血液《けつえき》で、AB型の人もみな「AB型」というなりたちの血液《けつえき》をもっている。しかし、A型といわれる人びとのなかには、血液《けつえき》のなりたちが「AA型」の人もいれば「AO型」の人もいる。B型も同様で、「BB型」の人もいれば「BO型」の人もいるのだ。そして、両親の血液型《けつえきがた》の組みあわせによって、一定の法則《ほうそく》にしたがった新たな血液《けつえき》型《がた》の子が生まれていく。

しかし、血液型《けつえきがた》もじっさいにはさまざまな影《えい》響《きょう》を受けて形づくられるので、現在《げんざい》では、メンデルの法則《ほうそく》だけでは説明のつかない伝わりかたをする例があることがわかっている。

この両家の赤ちゃんの判定《はんてい》をするにあたっては、「グリーン夫妻《ふさい》の赤ちゃんはO型で、ブラウン夫妻《ふさい》の赤ちゃんはA型であると予測《よそく》できた」ということだろうか？　たしかに、グリーン夫妻《ふさい》はともにO型だから、子どもはO型しかありえない。つまり、グリーン家の赤ちゃんの血液型《けつえきがた》は、遺伝《いでん》の法則《ほうそく》によって予測《よそく》することができる。

一方《いっぽう》、A型という血液型《けつえきがた》であるジンジャー・ブラウン氏は、血液《けつえき》にO型の形質《けいしつ》（見た目のすがたや性質《せいしつ》）ももっている可能性《かのうせい》がある。そのため、ブラウン家には、O型の赤ちゃんが生まれることもありえたのだ。ブラウン家の赤ちゃんの血液型《けつえきがた》の予測《よそく》は、確率《かくりつ》にたよるしかない。A型になる確率《かくりつ》は50パーセント、O型になる確率《かくりつ》も同じく50パーセントである。

血液型《けつえきがた》のほかに遺伝《いでん》を予測《よそく》できる例として、家系《かけい》に遺伝性《いでんせい》の病気がある場合の確率予測《かくりつよそく》がある。ほとんどの場合、「ある特定の病気」が子どもに遺伝《いでん》する確率《かくりつ》は、25パーセントあるいは50パーセントと計算できる。しかし、「ある特定の子ども」が、病気を遺伝《いでん》して生まれてくるかどうかを予測《よそく》することはできない（ただし現在《げんざい》では、ＤＮＡを解析《かいせき》することで予測《よそく》できる場合がある）。

メンデルの伝記を書いたフーゴー・イルチスによると、メンデルは、ヒトの遺伝形質《いでんけいしつ》をつきとめようと、ブルノの教会の記録をくわしく調べたという。かれが、さがしていたものを見つけだしたという証拠《しょうこ》はない。しかし、メンデルがエンドウの色・形・大きさの遺伝《いでん》について証明《しょうめい》した数学的な法則《ほうそく》（25パーセントとか50パーセントといった確率《かくりつ》）は、ヒトにも同じようにあてはまることがわかっている。

2 ヨハン、グレゴールという修道名《しゅうどうめい》をさずかる

チェコ共和国北東部のゆるやかに起伏《きふく》する丘陵地帯《きゅうりょうちたい》に、ヒンチーツェという小さな村がある。19世紀には、ドイツ語でハインツェンドルフとよばれていた（メンデルの時代は、オーストリア帝国《ていこく》、のちにオーストリア＝ハンガリー帝国《ていこく》の一部となっていて、公用語はドイツ語だった）。

1871年ごろ、村には瓦屋根《かわらやね》の家が71軒《けん》あり、村人たちは農業か石灰製《せっかいせい》造業《ぞうぎょう》（石灰石《せっかいせき》を焼いて、そこから石灰《せっかい》をとりだす仕事）をしていた。農民のひとりアントン・メンデルの家は、1684年から先祖代々《せんぞだいだい》、この村に住みついていた。ヨハン・メンデルの父となる人物である。

若《わか》いころのアントンは、軍隊に入っていた。ヒンチーツェにもどってからは、村の58番地の小さな区画を借りうけて瓦屋根《かわらやね》の家を建てた。そして、

チェコ共和国略図《りゃくず》

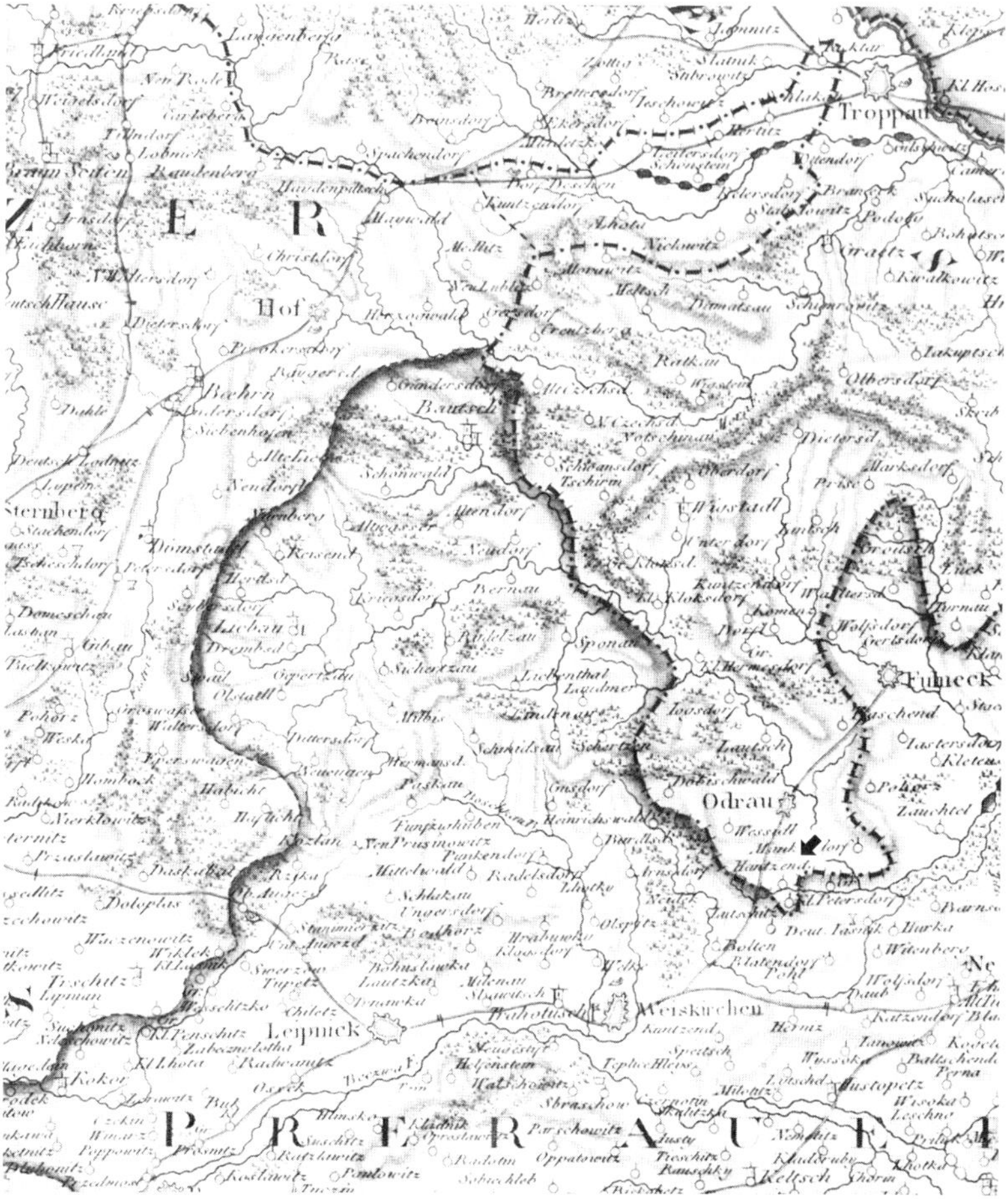

若《わか》き日のヨハン・メンデルがすごした地方の地図

地図は、C. ミューラー作のもの（1802年）より。メンデル一家が住んでいた村ヒンチーツェは、右下のオドラウ（Odrau）のすぐ南に「ハンツェント（Hantzend）」と表記されているところ（矢印の部分）。

管理していた約40エーカー（約0・16平方《へいほう》キロメートル）の斜面《しゃめん》の草地で作物を育て、家畜《かちく》を改良しようとした。

アントンは、とくにくだものを育てることに興味《きょうみ》があった。家から道路にかけてのくだり斜面《しゃめん》の草地に果樹《かじゅ》を植えると、新しい品種の果樹《かじゅ》を何種類も**接《つ》ぎ木《き》**してみた。また、近くのヴラジュネー（グロース・ペータースドルフ）に住む司祭と、穂木《ほぎ》（接《つ》ぎ木《き》に使う枝《えだ》）や台木を交換《こうかん》したり、意見を交わしたりした。

当時、アントンの村の学校では、果実栽培《かじつさいばい》の基本《きほん》を教える授業《じゅぎょう》があった。まだこの時代は、小さな村に学校があること自体が異例《いれい》のことだった。農業の科学的な原理を教えているなどというのは、さらに異例《いれい》のことだった。

その村でアントンは、1818年に園芸家の娘《むすめ》ロジーナと結婚《けっこん》する。息子《むすこ》のヨハン・メンデルは、一家の2番目の子どもとして、1822年7月に誕生《たんじょう》した。きょうだいのなかで、男の子はかれ1人だった。

接《つ》ぎ木《き》

植物の一部である枝《えだ》や芽を切りとって、ほかの植物とつなぎあわせ、新しい植物を生みだす技術《ぎじゅつ》。根の部分を「台木《だいぎ》」、つなぎあわせる枝《えだ》や芽の部分を「穂木《ほぎ》」という。果樹《かじゅ》などの増殖《ぞうしょく》や品種の改良に用いられる。

ヨハンは村の学校に通った。校長は、ヨハンがほかの少年たちよりずっとかしこいことを見ぬいて、もっと大きな学校に通わせるように、両親にすすめた。そこで、11歳《さい》になったヨハンは、リプニクにあるピアリスト修道会《しゅうどうかい》の学校に行くことになった。ヒンチーツェから20キロほどのところにある**高等小学校**だった。ここでもヨハンの成績《せいせき》はずばぬけてよかったので、リプニクで1年間すごしたのち、オパヴァ（トロッパウ）の王立**ギムナジウム**に行くようにすすめられた。ヒンチーツェの北50キロほどのところにある高等学校だ。

農民である父アントンは、畑仕事の手伝いをしてもらいたかったものの、息子《むすこ》に教育を受けさせることに同意した。ただし、裕福《ゆうふく》ではないので高等学校の学費を全額《ぜんがく》支払《しはら》うことはできず、寄宿舎《きしゅくしゃ》での食事を半分でいいことにしての入学となった。そのかわり父は、

リプニクの高等小学校

運送業者がオパヴァの町に行くときにはいつも、農場でとれた新鮮《しんせん》な食べ物をヨハンにとどけるようにしてくれた。こうしてヨハンは、オパヴァでの最初の4年間の「文法」の授業《じゅぎょう》を、なんとか学びとおすことができた。

ヨハンは、学校ですばらしい成績《せいせき》をおさめた。いつも群《ぐん》をぬいてトップクラスにあったので、さらに上の学校で「人文科学《じんぶんかがく》」の授業《じゅぎょう》を受ける資格《しかく》を得ることができた。

しかしそのころ、父アントンは息子《むすこ》の学費を支払《しはら》うことができなくなっていた。たおれてきた木の幹《みき》でけがをして、農場でじゅうぶんに働けなくなったのだ。ヨハンは、16歳《さい》のときから自活しなければならなくなった。かれは家庭教師《かていきょうし》の資格《しかく》をとって、家庭教師《かていきょうし》をしながら同時に学校へも通い、「まがりなりにも」くらしていた。しかし、精神的《せいしんてき》にきつい仕事と不足がちな食事のせいで病気になり、1839年の春には故郷《こきょう》に帰って畑仕事をすることになった。

高等小学校とギムナジウム

リプニクの高等小学校は、1660年にピアリスト修道会《しゅうどうかい》が創立《そうりつ》した、この地方の有名校。音楽がさかんで、のちにスメタナやドボルザークもこの学校で音楽を指導《しどう》した。「ギムナジウム」は、ドイツの9年制《ねんせい》の中等教育機関で、日本の中高一貫校《ちゅうこういっかんこう》にあたる。高等専門教育（大学や専門学校）への準備課程《じゅんびかてい》。トロッパウのギムナジウムは、1632年の創立《そうりつ》。

それでも、また数か月後にはオパヴァにもどって学業にはげみ、1840年、優《ゆう》秀《しゅう》な成績《せいせき》で高等学校を卒業した。

18歳《さい》になったヨハンは、こんどはオロモウツ（オルミュッツ）大学の付属哲学学校《ふぞくてつがくがっこう》で哲学《てつがく》（当時の「哲学」は、物理学など広く自然科学をふくむものだった）を学びたいと思った。かれは、学費をまかなうためにまた家庭教師《かていきょうし》をするつもりだった。しかし、かれ自身がのちに書いているように、「友人もなく、推薦状《すいせんじょう》もなかったために、あらゆる努力はむくわれなかった」。失望から、かれはまたもや病気になり、故郷《こきょう》に帰った。このときは、回《かい》復《ふく》するまでに農場で1年もすごすことになったほどだった。

1841年ごろ、父アントンはとうとう仕事をつづけることができなくなり、長女ヴェロニカの夫であるアロイス・スツルムに農場を売った。売りわたすにあたって父は、ヨハンと次女のテレジアにもある程度《ていど》の財産《ざいさん》が残るようにとりはからった。ヨハンのとり分には、「司祭職《しさいしょく》につくか、なにかほかの手段《しゅだん》で独立《どくりつ》して生計《せいけい》をいとなむ」足《た》しになるようにと、少額《しょうがく》のお金がふくまれていた。テレジアは自分のとり分をヨハンにゆずり、ヨハンはこの資金《しきん》とようやく得た家庭教師《かていきょうし》の職《しょく》の収入《しゅうにゅう》とで、オロモウツで哲学《てつがく》を学ぶことができるようになったのだった。

オロモウツの家
メンデルが哲学学校《てつがくがっこう》で学んでいたころにくらした。

ヒンチーツェの村の学校
古い写真で、傷《きず》がついている。

「血のにじむような努力の結果、2年間の哲学《てつがく》の課程《かてい》を修了《しゅうりょう》することができた」と、ヨハンは書いている。しかし、ヨハンはつかれはて、「このようなたいへんな努力を、これ以上つづけることはできないとさとった」。かれはもう、自分で自分の道をきりひらいていくことの不安に耐《た》えられなかった。

「そこで、哲学《てつがく》の勉強を終えた上は、生きるために悪戦苦闘《あくせんくとう》する状態《じょうたい》から解《と》きはなってくれる職《しょく》につくほかはないという気持ちになった」

ヨハンは、1841年の段階《だんかい》で父親にすすめられたとおり、司祭職《しさいしょく》につくことにした。

「周囲の事情《じじょう》が、わたしの職業《しょくぎょう》の選択《せんたく》を決定づけたのだ」

1843年7月14日、オロモウツ大学の物理学の教授《きょうじゅ》フリードリヒ・フランツは、**モラヴィア**の中心都市ブルノ（ブリュン）にいる同僚《どうりょう》に手紙を書

モラヴィア

現在《げんざい》のチェコ共和国東部の都市ブルノを中心とした一帯で、1804年から1867年にはオーストリア帝国《ていこく》に属《ぞく》していた。メンデルの誕《たん》生《じょう》から青年期・壮年期《そうねんき》、モラヴィアはオーストリア帝国《ていこく》の一地方だったことになる。公用語はドイツ語。1867年にはオーストリアとハンガリーとの連合国「オーストリア＝ハンガリー帝国《ていこく》」（1867〜1918年）が成立し、その一地方となった。ちょうどメンデルがブルノの修道院長《しゅうどういんちょう》に選ばれるころのことだ。

1768年当時のブルノ

ブルノの聖《せい》アウグスチノ修道院《しゅうどういん》の教会堂

いた。「司祭職《しさいしょく》につく適当《てきとう》な候補者《こうほしゃ》はいないか」という問い合わせにたいする返事だった。かれは、自分が推薦《すいせん》できるのはひとりだけだと書いている。「その人物は、シレジアのハインツェンドルフ生まれのヨハン・メンデルです。２年間の哲学課程《てつがくかてい》で、つねに非《ひ》の打《う》ちどころのない優秀《ゆうしゅう》なレポートを提出《ていしゅつ》してきましたし、きわめて堅実《けんじつ》な青年です」

こうしてヨハンは、１８４３年10月９日、ブルノにあるアウグスチノ会の聖《せい》トマス修道院《しゅうどういん》に見習いの修道士《しゅうどうし》として受けいれられ、「グレゴール」という修道名《しゅうどうめい》をさずかった。

3 ブルノの修道院《しゅうどういん》で

ブルノの修道院《しゅうどういん》はモラヴィアの知的世界の中心で、修道士《しゅうどうし》のほとんどはドイツ人だった。メンデルは、一般《いっぱん》の人びとが話すチェコ語をほとんど知らなかったが、「これから何年か神学《しんがく》を勉強するにあたって、言語を身につけるための努力をおしまないだろう」とフランツ教授《きょうじゅ》が推薦状《すいせんじょう》に書いているように、けんめいに学んだ。

ブルノをたずねてくる教授《きょうじゅ》たちが宿泊《しゅくはく》するのは修道院《しゅうどういん》で、修道士《しゅうどうし》のほとんどは大学か高等学校のどちらかで教えていた。修道院長《しゅうどういんちょう》のシリル・フランツ・ナップ（1782～1868年）は、大学で東洋語学の教授《きょうじゅ》を務《つと》めていた。モラヴィア地方の植物を調べて貴《き》重《ちょう》なコレクションを残したアウレリウス・ターラー（1796～1843年）も、長年修道院《しゅうどういん》でくらしながらブルノ哲学学校《てつがくがっこう》で植物学を研究していた。ターラーは1843年に亡《な》くなったため、メンデルがかれのもとで学ぶ機会はなかった。しかし、修道院《しゅうどういん》の植物

ブルノの修道院《しゅうどういん》

修道院《しゅうどういん》の食堂

修道院長《しゅうどういんちょう》シリル・フランツ・ナップ
（1843年撮影《さつえい》）

園ではターラーが集めた植物が栽培《さいばい》され、植物標本室には押《お》し葉《ば》が所蔵《しょぞう》されていて、メンデルはそれらを自由に使うことができた。

メンデルは、これらの植物や、修道院《しゅうどういん》に所蔵《しょぞう》されているその地方の鉱物標本《こうぶつひょうほん》の研究を通して、つぎのように述《の》べている。

「自然科学のこの分野はとくに好きで、くわしく知る機会がふえるにつれて興味《きょうみ》はさらに深まった」

その一方《いっぽう》で、本来の勉強も進めていた。1年目には、「おおいに興味《きょうみ》をいだき、熱心に」教会史、考古学《こうこがく》、ヘブライ語の講義《こうぎ》に出席した。日々の生活の問題は解決《かいけつ》したようで、かれは「気力と体力をとりもどした」。

修道院《しゅうどういん》での2年目（この年にはギリシャ語、聖書《せいしょ》、教会法を学んだ）には、メンデルは聖《せい》アウグスチノの方式にのっとって、清貧《せいひん》（ぜいたくをしない）、貞潔《ていけつ》（生涯《しょうがい》、結婚《けっこん》をしない）、服従《ふくじゅう》（神につかえる）の、3つの誓《ちか》いをおこなった。

つぎの年には、勉学を自分の興味《きょうみ》のある方向に広げることができた。教会関係の教えを学ぶだけでなく、ブルノ哲学学校《てつがくがっこう》での農学の課程《かてい》（とくにリンゴやブドウの栽培《さいばい》についての講義《こうぎ》）にも出席したのだ。

この農学の講義《こうぎ》を担当《たんとう》したフランツ・ディーブル（1770〜1859年）は、交雑《こうざつ》による植物の改良に興味《きょうみ》をもっていた。「交雑《こうざつ》」とは、種《しゅ》や品種のことなるふたつの個体をかけあわせて雑種《ざっしゅ》をつくることだ。

教育課程《きょういくかてい》の最後の年となる4年目には、メンデルは司祭になるための実務的《じつむてき》な面、たとえば教理問答を教える方法や説教（宗教上の教えを人びとに説《と》くこと）のしかたなどを学んだ。また、アラビア語やシリア語、カルデア語（アラビア、古代シリア、古代バビロンの言語）も学んだ。かれはもう25歳《さい》になっていた。

つぎの年の1847年、メンデルは、協同教会という聖職者《せいしょくしゃ》の連合が管理する教会の教区司祭に任命《にんめい》された。

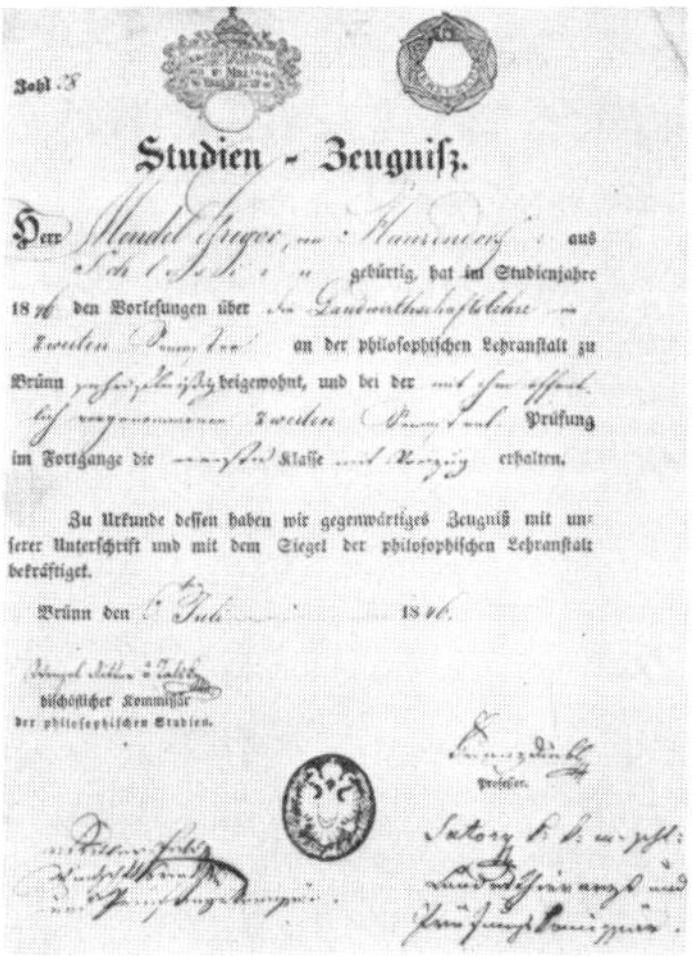
Zahl
Studien - Zeugnisz.
Herr … aus … gebürtig, hat im Studienjahre 18… den Vorlesungen über … an der philosophischen Lehranstalt zu Brünn … beigewohnt, und bei der … Prüfung im Fortgange die … Klasse … erhalten.
Zu Urkunde dessen haben wir gegenwärtiges Zeugniß mit unserer Unterschrift und mit dem Siegel der philosophischen Lehranstalt bekräftiget.
Brünn den … 18…
bischöflicher Kommissär der philosophischen Studien.
Professor.

ブルノでのメンデルの農業課程修了《のうぎょうかていしゅうりょう》証書《しょうしょ》（1846年）

けれどもメンデルには、教区司祭の仕事は荷が重すぎた。学生時代にも心《しん》痛《つう》から病気になったように、かれは繊《せん》細《さい》な心の持ち主だった。そのため、人びとが苦しむのを見て自分も苦しみ、教区司祭として臨終《りんじゅう》（人が亡《な》くなるまぎわ）に立ち会うことに耐《た》えられなかった。ドイツ語を母国語《ぼこくご》とするメンデルがチェコ語で説教しなければならないことも、問題をいっそうむずかしくした。

修道院長《しゅうどういんちょう》はメンデルの知的能力《ちてきのうりょく》を高く評価《ひょうか》していたので、教区司祭としての問題に同情《どうじょう》した。そして、メンデルが哲学博士《てつがくはくし》の学位をとるために勉強することを許可《きょか》してくれた。さらに修道院長《しゅうどういんちょう》は、メンデルをズノイモ（ツナイム）の王立ギムナジウム（高等学校）の代用教員（正式な教員資格《きょういんしかく》をもたない代理の先生）に任命《にんめい》してくれた。ウィーンに近い、このワイン用ブドウの生産地の言語は、チェコ語ではなくドイツ語だったのだ。

１８４９年10月９日、メンデルは代用教員となり、ギリシャ語と初等数学を週に20時間教えた。学生時代に家庭教師《かていきょうし》をしていた経験《けいけん》が生徒の気持ちを理解《りかい》するのに役だち、かれはたいへん人気のある先生だった。

学校側も「教えかたが生き生きとしてわかりやすい」とメンデルを評価《ひょうか》し、常勤《じょうきん》の正教員にしたいと提案《ていあん》していたことが、当時の記録に残っている。しかし、正教員になるには教員の資格試験《しかくしけん》に合格《ごうかく》する必要があり、この試験はふつう、大学の教育課程《きょういくかてい》を修了《しゅうりょう》した者が受けることになっていた。メンデルは大学教育を受けていなかったが、それでも１８５０年の夏、特別に試験を受けることがみとめられた。かれは、博物学と物理学で試験を受けることにした。

試験はウィーン大学の主催《しゅさい》で、３つの部分に分かれていた。１次試験では、受験者は８週間以内に２本の小論文《しょうろんぶん》を書く。これは予備試験《よびしけん》で、論文審査《ろんぶんしんさ》に合格《ごうかく》した受験者のみがウィーンによびだされて、２次と３次の試験を受けることになる。メンデルにあたえられた２本の小論文《しょうろんぶん》の課題は、物理学では「空気の化学的および物理的性質《せいしつ》について」、博物学では「火成岩《かせいがん》および堆積岩《たいせきがん》について」というものだった。

メンデルが書いた論文《ろんぶん》について、物理学の試験官を務《つと》めた教授《きょうじゅ》アンドレアス・フォン・バウムガルトナー男爵《だんしゃく》（１７９３～１８６５年）は、つぎのように述《の》べている。

1848年当時のメンデル

ズノイモの高等学校

「文章は簡潔《かんけつ》、平易《へいい》、かつ明確《めいかく》で、説明の方法はよくととのっており、明快《めいかい》である。もしほかの試験官もわたしと同様に満足するなら、受験者はきわめて有利な推薦状《すいせんじょう》を得ることになるだろう」

しかし、もう1本の論文《ろんぶん》を見た動物学の教授《きょうじゅ》ルドルフ・クネル（1810〜1869年）は満足しなかった。

クネル教授《きょうじゅ》は、フランスの偉大《いだい》な古生物学者《こせいぶつがくしゃ》ジョルジュ・キュヴィエ（1769〜1832年）の影響《えいきょう》を受けていた。**キュヴィエの考えかた**とは、「地球には、それぞれ独立《どくりつ》して起こる〝創造《そうぞう》〟というできごとが、これまでいくつも発生してきた」というものだった。そして、その創造《そうぞう》それぞれは、洪《こう》水《ずい》、火災《かさい》、地震《じしん》といったなんらかの破局《はきょく》によって終わるとしていて、そこには連続性《れんぞくせい》というものがなか

キュヴィエの考えかた

キュヴィエのこの考えは、「天変地異説《てんぺんちいせつ》」として知られる。これは、地球や生物の歴史に関する初期の仮説《かせつ》のひとつで、地層《ちそう》の形成や化石《かせき》生物《せいぶつ》を、天変地異的《てんぺんちいてき》な現象《げんしょう》で説明しようとするもの。キュヴィエは、キリスト教の聖書《せいしょ》で説《と》かれている「ノアの洪水《こうずい》」のような天変地異《てんぺんちい》が何度もあり、それによってほとんどの生物が死滅《しめつ》したことが何度もあったと想定した。

ノアの洪水《こうずい》とは、旧約聖書《きゅうやくせいしょ》の『創世記《そうせいき》』で、堕落《だらく》していく人間に腹《はら》をたてた神が、大洪水《だいこうずい》を起こして人間をほろぼそうとするが、まじめに働いていたノアという男だけにはそのことを知らせ、方舟《はこぶね》をつくって動物をひとつがいずつ乗せるように指示《しじ》したという物語。その後世界は大洪水《だいこうずい》で水没《すいぼつ》し、方舟《はこぶね》に乗った生き物以外は地球上から消えうせた、と書かれている。

った。キュヴィエのこの考えを支持《しじ》するクネル教授《きょうじゅ》に、一学生のつぎのような答案がいい印象をもたれるわけがなかった。

「地球《ちきゅう》の創造的《そうぞうてき》なエネルギーは、いまなお活発である。その火が燃《も》えつづけ、その大気《たいき》が動きつづけるかぎり、地球の創造《そうぞう》の歴史は終わることがない」

クネル教授《きょうじゅ》の評価《ひょうか》は低かったメンデルだが、さいわい、2次試験を受けるようウィーンによびだされた。

ところが、メンデルがウィーンに到着《とうちゃく》するまえに試験官たちの意見は変わっていて、

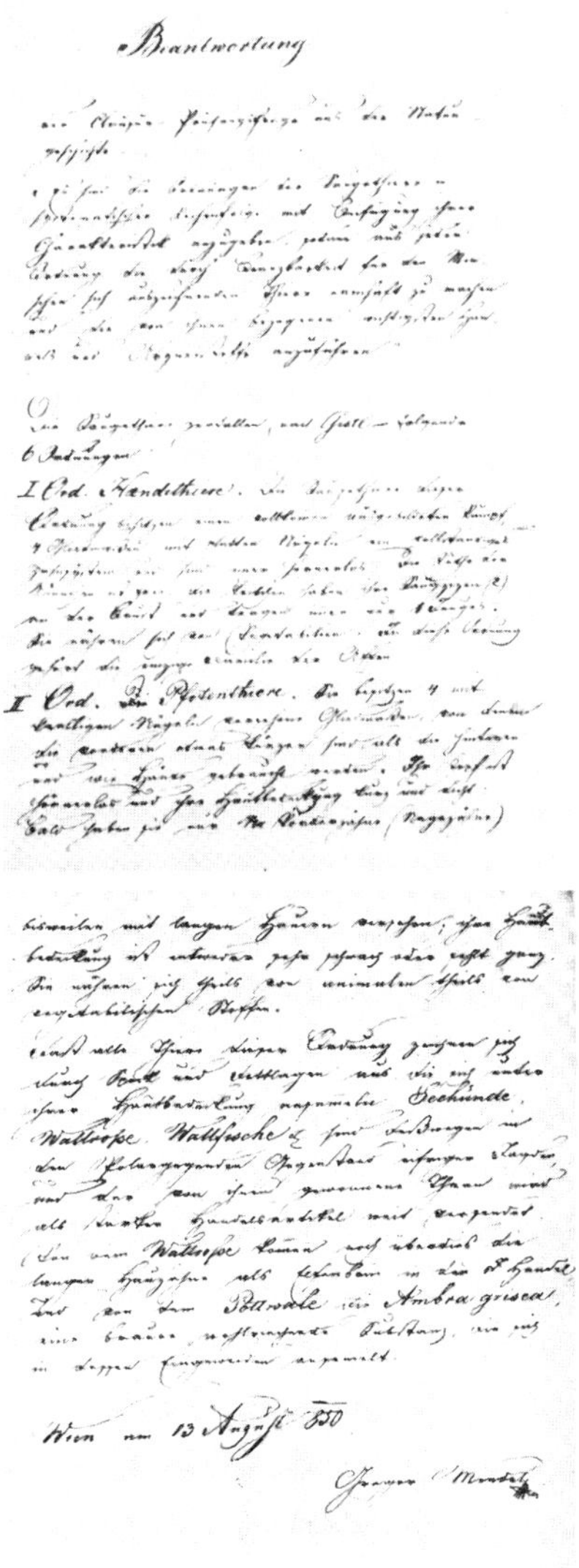

ルドルフ・クネルが出題した生物学の問題にたいする、メンデルの答案の一部。

「2次試験は来年にするから、1年待つように」と通知を出したところだったらしい。けれども、もうメンデルが来てしまっていることから、ならばこのまま試験を受けさせてもいいということになった。ただしそのころには、メンデルはかなり神経質《しんけいしつ》になっていた。

磁性《じせい》についての答案では、1次試験のときと同様に、物理学のバウムガルトナー教授《きょうじゅ》を満足させることができた。問題は、もうひとつの課題のほうだった。動物学のクネル教授《きょうじゅ》からの課題はほ乳類《にゅうるい》の分類について書くことで、教授《きょうじゅ》自身がすでにこのテーマについての研究論文《けんきゅうろんぶん》を発表していた。ところがメンデルは、答案を書くにあたって、試験官であるクネル教授《きょうじゅ》の研究を無視《むし》してしまった。その研究について聞いたことがなかったのかもしれない。メンデルは設問《せつもん》にたいして、自分が記憶《きおく》していた標準的《ひょうじゅんてき》なドイツの研究にしたがって解答《かいとう》した。大筋《おおすじ》は覚えていたものの、詳細《しょうさい》についての知識《ちしき》はとぼしく、分類の理論《りろん》的《てき》な面にはまるで興味《きょうみ》がなかった。メンデルの「よくととのって明快《めいかい》な」書きかたは、この答案にはあらわれていなかった。

けっきょくメンデルは、口頭試験《こうとうしけん》も受けたが不合格《ふごうかく》となった。

それでも、バウムガルトナー教授《きょうじゅ》はメンデルの答案に感心し、かれをウィーン大学に通わせれば資格試験《しかくしけん》に再挑戦《さいちょうせん》できるだろうと、修道院長《しゅうどういんちょう》に助言してくれた。

4 ウィーン大学での日々

1851年から1853年にかけての4つの学期のあいだ、メンデルはウィーン大学哲学部《てつがくぶ》の学生だった。当時のウィーン大学では世界的に有名な学者が科学の講義《こうぎ》をおこなっており、メンデルは数学、物理学、生物学の課程《かてい》に出席した。

実験物理学では、クリスチャン・ドップラー（1803〜1853年）の講義《こうぎ》を受けた。ドップラーは1845年に、音源《おんげん》が聞き手にたいして動いているときには、音の高さが変わって聞こえる理由を数式を使って証明《しょうめい》していた。たとえば、列車が警笛《けいてき》を鳴らしながら高速で近づいてくると、音の高さが変化するように聞こえる。「近づいてくる音は高く聞こえ、遠ざかる音は低く聞こえる」というこの現象は「ドップラー効果《こうか》」と名づけられた。

ドップラーは1850年からウィーン大学に在任《ざいにん》していて、メンデルが講義《こうぎ》に出席した

1851年には48歳《さい》になっていた。すぐれた物理学者として、定評《ていひょう》のある教授《きょうじゅ》だった。ドップラーは、主として「音や光の波の性質《せいしつ》」に興味《きょうみ》があったが、理論数学《りろんすうがく》や幾何学《きかがく》にも関心があり、これらについても講義《こうぎ》していた。

数理物理学の講義《こうぎ》を担当《たんとう》していたアンドレアス・フォン・エッティングスハウゼン（1796〜1878年）は、波の力学《りきがく》の問題について研究し、ドップラーと同じく数学を物理学に応用《おうよう》することに興味《きょうみ》をもっていた。実験にも力を入れていて、器具の使いかたや実験の計画法の講義《こうぎ》もおこなった。

メンデルは物理学の才能《さいのう》があったので、このふたりの学者が数学の理論《りろん》を物理学に応用《おうよう》する研究方法に、おおいに影響《えいきょう》を受けた。また、物理学的な実験の方法からも影響《えいきょう》を受けた。物理学の実験の助手を務《つと》めた時期もあり、アイデアがうかんだら実験を計画して証明《しょうめい》するという方法を身につけた。

クネル教授《きょうじゅ》の動物学の講義《こうぎ》にも出席した。そのほか、古生物学《こせいぶつがく》、植物分類学、植物生理学の講義《こうぎ》も受け、とり

フランツ・ウンガー

わけフランツ・ウンガー（1800〜1870年）による植物生理学の講義《こうぎ》に心を動かされた。

フランツ・ウンガーは生物学での革命的《かくめいてき》な人物のひとりで、「細胞説《さいぼうせつ》」を支持《しじ》していた。細胞説《さいぼうせつ》というのは、あらゆる生物は細胞《さいぼう》からなりたっているとする学説で、1838年にマティアス・シュライデン（1804〜1881年）が植物について、翌《よく》1839年にテオドール・シュワン（1810〜1882年）が動物について、提唱《ていしょう》した説だ。

最初にその説をとなえたシュライデンは、生物学を統《とう》一《いっ》するなんらかの基本的原理《きほんてきげんり》をさがしもとめていて、ようやくそれを「細胞《さいぼう》」のなかに見いだしたのだった。

マティアス・シュライデンは、「すべての高等な動植物が細胞《さいぼう》から構成《こうせい》されていること」また「〃細胞《さいぼう》〃は、

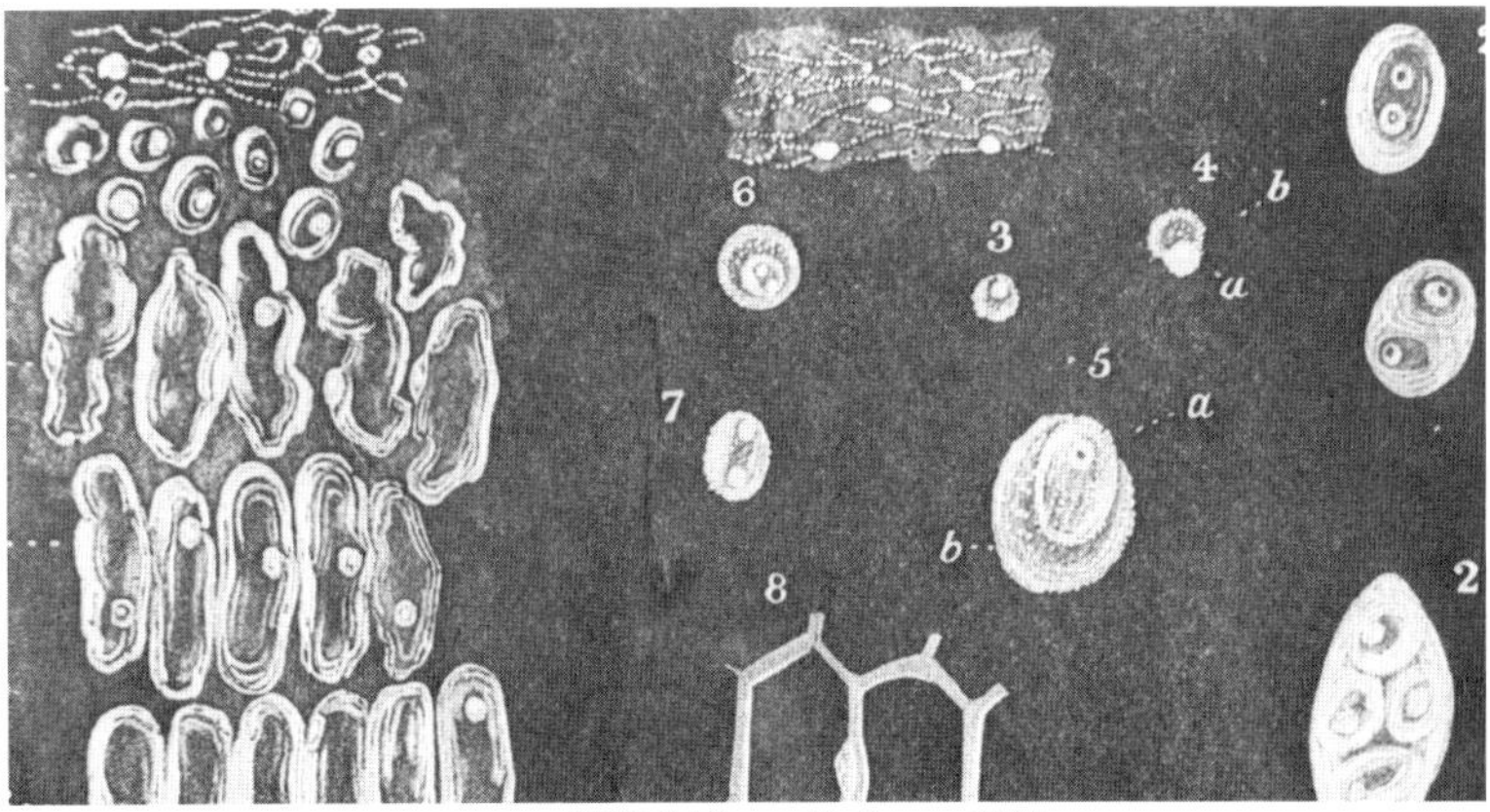

数種類のことなる植物から得た細胞組織《さいぼうそしき》と、分離《ぶんり》した細胞《さいぼう》

マティアス・シュライデン（1838）より。

個体《こたい》として考えることもひとまとまりのものとして考えることもでき、ひとつの植物または動物のなかでたがいに依存《いぞん》しあっていること」を見ぬいた。そして、動植物の全体をつくりあげているこれらの細胞《さいぼう》が、単細胞《たんさいぼう》の下等《かとう》な緑色植物である「藻類《そうるい》」の細胞《さいぼう》とも似《に》ていると考えた。高等、下等《かとう》といういいかたは、いまでは生物学の世界では使われない（学問的には、生物に高等も下等《かとう》もない）が、当時は、進化の程度《ていど》が低く、構造《こうぞう》が単純《たんじゅん》なもの（単細胞生物《たんさいぼうせいぶつ》など）と、進化の程度《ていど》が高いもの（多細胞《たさいぼう》の動植物）を区別する用語として使われていた。

1842年には、カール・ヴィルヘルム・フォン・ネーゲリ（1817～1891年）がドイツのイェーナでシュライデンと共同研究をおこなって、「細胞《さいぼう》は分裂《ぶんれつ》すること」そして「さらに多くの細胞《さいぼう》となって、植物の根の先端《せんたん》で成長をひきおこすこと」をしめした。ウィーン大学で植物生理学の講義《こうぎ》を担当《たんとう》したフランツ・ウンガーは、著書《ちょしょ》『植物学便《しょくぶつがくだよ》り』（1852年）のなかで、シュライデンとネーゲリの研究にふれている。メンデルたち1852年の学生にも、このテーマについて講義《こうぎ》していただろう。ウンガーは、種《しゅ》が永遠に変わらないとは信じておらず、植物界は「段階的《だんかいてき》に少しずつ進化してきた」と考えていた。『植物学便《しょくぶつがくだよ》り』のなかでもこのような主張《しゅちょう》をしたために、教会から攻撃《こうげき》され、大学からも解雇《かいこ》するとおどされた。

その後、1855年に出した教科書『植物の解剖学《かいぼうがく》と生理学』では、ウンガーは受精《じゅせい》のプロセス（進みかた、方法）を説明した。受精《じゅせい》とは、雄性《ゆうせい》（オスとしての性質《せいしつ》）のなんらかの要素《ようそ》と雌性《しせい》（メスとしての性質《せいしつ》）のなんらかの要素《ようそ》とが融合《ゆうごう》する（ひとつにまじりあう）ことであると。また、植物の交雑《こうざつ》の実験、つまりことなる2個《こ》の植物をかけあわせること（おしべの花粉をめしべに人工的に受粉させること）についても書いている。かれは、「変異《へんい》（それまでとはちがうものがあらわれること）」は自然の個体群《こたいぐん》に生《しょう》じる現象《げんしょう》で、それが新しい変種や種《しゅ》を生みだすのだと結論《けつろん》づけた。

　このように、ウィーン大学にいた4学期のあいだ、メンデルは植物や動物が「細胞《さいぼう》」からなりたっていること

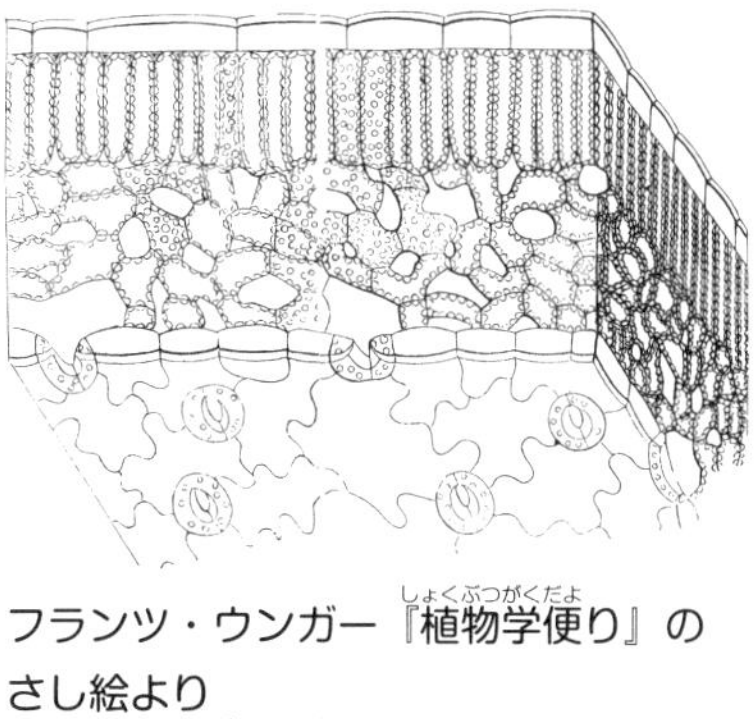

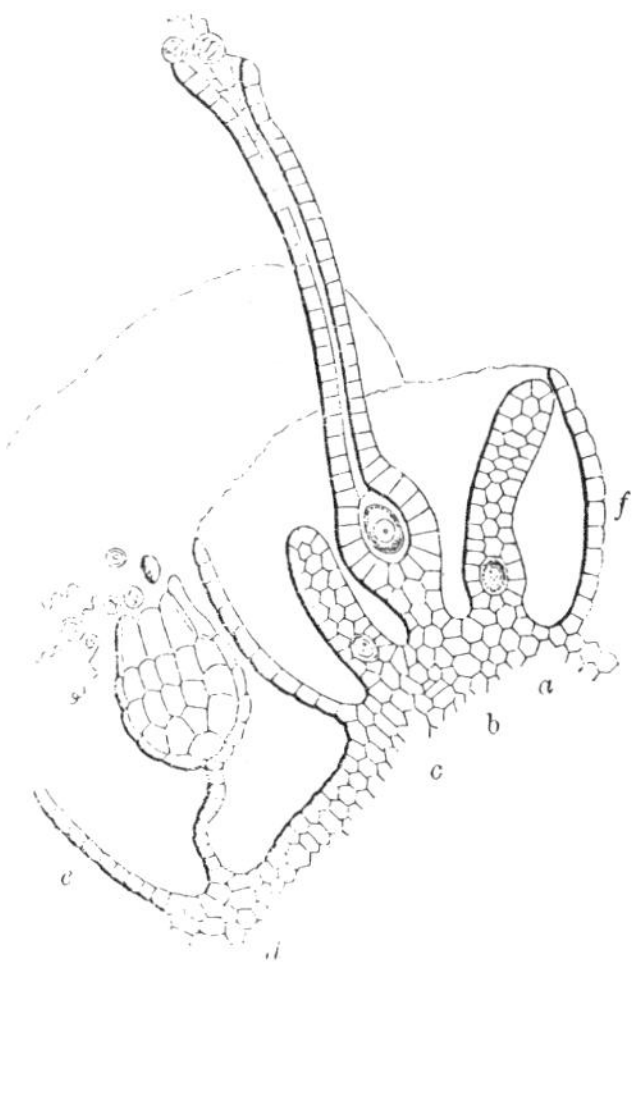

フランツ・ウンガー『植物学便り《しょくぶつがくだより》』のさし絵より
上　葉の細胞《さいぼう》の構造《こうぞう》
左　植物の受精《じゅせい》（bは卵細胞《らんさいぼう》がある植物のメスの部分、dは花粉がつくられる植物のオスの部分）

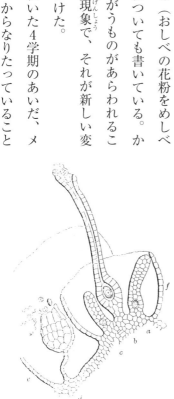

を学んだ。植物の交雑実験《こうざつじっけん》についても学んだ。そして、物理学の実験方法についても学んだ。この時期は、かれの人生のなかでもっとも大きい影響《えいきょう》を受けた時期のひとつだった。

大学での学びを終えてウィーンを去るまえには、カブの害虫であるガについて、動植物学会で論文《ろんぶん》を発表している。メンデルは作物の改良に興味《きょうみ》をもちつづけ、その翌年《よくねん》の1854年には作物の害虫に関するべつの論文《ろんぶん》を学会に送った。それは、エンドウにつくマメゾウムシについての記録だった。こうしてかれは、ブルノ農学会の会員に選ばれ、地元の植物育種家《しょくぶついくしゅか》や大学の生物学者と知りあうこともできた。

メンデルがブルノの修道院《しゅうどういん》にもどったのは1853年7月だった。

そしてその年に、新しくできたブルノ高等実業学校（職業《しょくぎょう》教育《きょういく》を目的として設立《せつりつ》された6年制の学校で、中学・高校にあたる）の代用教員に任命《にんめい》された。

ところが、それから14年間にわたって物理学と博物学を教えたメンデルは、ずっと代用教員のままだっ

エンドウマメゾウムシ
G. キュヴィエ『動物界』(1849)より。

た。１８５６年にもういちど教員の資格《しかく》試験《しけん》に挑戦《ちょうせん》したが、そのときは神経《しんけい》が高ぶって１次試験の小論文《しょうろんぶん》を完成させることもできなかったのだ。とうとうそのまま、ウィーンで正式な教員資格《きょういんしかく》を得ることはできなかった。けれどもメンデルは天性《てんせい》の教師《きょうし》で、生徒から慕《した》われ、尊敬《そんけい》されていた。生徒のひとりは、何年もあとになっても「灰色《はいいろ》の瞳《ひとみ》をかがやかせた、小柄《こがら》で太めの修道士《しゅうどうし》」のことを覚えていた。フロックコートに身をつつんで、ズボンのすそをブーツにたくしこみ、山《やま》高帽《たかぼう》をかぶっていたという。

　メンデルは、修道院《しゅうどういん》の小さな庭の片《かた》すみで独自《どくじ》に、植物の改良のための実験を開始した。そして、さまざまな変種のエンドウやそのほかのマメ科植物をかけあわせ、選択《せんたく》して、マメの粒《つぶ》の大きさや味を、修道院《しゅうどういん》の食卓《しょくたく》に合うように改良していった。１８５９年には、

ブルノ高等実業学校《こうとうじつぎょうがっこう》の教員たち（1864年）。前列右から2番目がメンデル。

粒《つぶ》が大きくてあまみがあり、実りがよく、育てやすい品種のエンドウをつくりあげていた。

農学会の自然科学部門の会合では、より理論的《りろんてき》で興味深《きょうみぶか》い話題について議論《ぎろん》が交わされることも多かった。会員たちは、動植物の受精《じゅせい》や生殖《せいしょく》の問題について、また成長や発生について論《ろん》じあった。植物生理学のフランツ・ウンガー教授《きょうじゅ》も、1857年に農学会の会員になっている。

メンデルが野生の植物の栽培《さいばい》に興味《きょうみ》をもつようになったのは、ウンガーの影響《えいきょう》だ。ウンガーは、種《しゅ》が変わりうるものだと考え、どのようにして変化するのか知りたいと思っていた。ひとつの可能性《かのうせい》は、種《しゅ》の変化が「交雑《こうざつ》」によってもたらされるというものだった。つまり、2個《こ》の種《しゅ》が結びついて1個《こ》の新しい種《しゅ》が生みだされるのだ。もうひとつの可能性《かのうせい》は、変化が外部からの影響《えいきょう》によってもたらされるというものだった。

外部からの影響《えいきょう》というのは、植物の場合、「育つ土壌《どじょう》の性質《せいしつ》」「注がれる日光の量」「降《こう》雨量《うりょう》」などが考えられる。高名《こうめい》なジャン＝バプティスト・ド・ラマルク（1744〜1829年）をはじめとする何人かの生物学者は、植物や動物の形を変化させ、生物体全体に作用するものとは、そのような外部からの影響《えいきょう》だと考えた。さらに、その変化した形は子孫に代々受けつがれていくと信じた。日光の量や降雨量《こううりょう》などの外部条件《がいぶじょうけん》が直接影響《ちょくせつえいきょう》

ブルノ高等実業学校《こうとうじつぎょうがっこう》
メンデルはここで、1853年から1868年まで教えていた。

現在《げんざい》の修道院《しゅうどういん》

して、種《しゅ》が新しい種《しゅ》に変わりうると考えたのだ。

ウンガーはこの考えを信じなかった。かれは自分の実験から、ある種《しゅ》は栽培《さいばい》の条件《じょうけん》によって大きくなったり小さくなったりするが、べつの種《しゅ》は新しい条件《じょうけん》で育てても、もとの形質《けいしつ》を保《たも》ちつづけることに気づいていた。

メンデルは、ウンガーのこの実験を再現《さいげん》することにした。修道院《しゅうどういん》の庭に野生の草花の変種をもってきて、管理された条件《じょうけん》のもとで育てるのだ。2種類のヒメリュウキンカの標本を、まったく同じ条件《じょうけん》で、数年間にわたってとなりあわせにして育ててみて、その2種がそれぞれの形質《けいしつ》を保《たも》ちつづけることをたしかめた。ウンガーが『植物学便《しょくぶつがくだよ》り』のなかでつぎのように書いていることをみとめないわけにはいかなかった。

「種《しゅ》の多様性《たようせい》の原因《げんいん》を、土壌《どじょう》の性質《せいしつ》などという外部の影響《えいきょう》の効果《こうか》に求めようとする試みは、明らかに真の原因《げんいん》を見あやまらせるものである」

ヒメリュウキンカ

G. グレーブスおよびW. J. フッカー『ロンドン地方の植物』（1835）より。

メンデルは、学校の同僚《どうりょう》につぎのように語ったと伝えられている。

「自然が、このような方法（土壌《どじょう》の性質《せいしつ》などの影響《えいきょう》）で種《しゅ》をつくりだす方向に進んでいるとは考えにくい。だから、なにかべつのものによってつくりだされているにちがいない」

この結論《けつろん》に達したメンデルは、「なにかべつのもの」を、交雑実験《こうざつじっけん》の結果に求めることとなった。

5 メンデルよりまえの時代の植物《しょくぶつ》交《こう》雑《ざつ》と細《さい》胞《ぼう》説《せつ》

19世紀生まれのメンデルは、1866年発表の雑種植物《ざっしゅしょくぶつ》についての論文《ろんぶん》の序言《じょげん》で、ケールロイター、ハーバート、ルコック、ゲルトナー、ヴィヒュラといった先人《せんじん》たちの研究にふれている。

ここでは、メンデルが生まれる以前の18世紀(1701年から1800年までの100年間をさす)のころの研究者たちのことを紹介《しょうかい》しよう。

当時は、ほとんどの人が、動物や植物の種《しゅ》は不変であると信じている時代だった。新しい種《しゅ》が自然の状態《じょうたい》でつくりだされることはないし、まして、人の手によってつくりだすことなどできるはずが

ニコチアナ・ルスティカ(マルバタバコ)
H. G. ライヘンバッハ『ドイツの植物再《しょくぶつさい》説《せつ》』(1862)より。

ないと考えられていた。それゆえ、植物のかけあわせによって生みだされる結果（新たなすがたなどの特徴《とくちょう》をそなえたものが生まれることがあるということ）についての説明は、つかないままになっていた。

カール・リンネ（1707〜1778年）もまた、生涯《しょうがい》の大部分にわたって「種《しゅ》は不変である」と信じていたその時代のひとりだった。しかし、スウェーデンのウプサラの植物園で2種の雑種《ざっしゅ》植物《しょくぶつ》を観察したときのことだ。ふつうとはちがう、クワガタソウ属《ぞく》の植物とバラモンジン属《ぞく》の植物があり、どちらも「雑種《ざっしゅ》」であることがわかった。それぞれが両親の形質《けいしつ》（すなわち、その雑種《ざっしゅ》が生まれるもととなった、もとのふつうの植物のすがたや性質《せいしつ》）を一部ずつそなえていた。リンネは、これらの雑種《ざっしゅ》を新しい種《しゅ》であると信じて、その著《ちょ》『植物の種《しゅ》』（1753年版《ねんばん》）に記載《きさい》した。

ニコチアナ・パニキュラータ
中央の茎《くき》から分岐《ぶんき》した茎《くき》に花がつき、全体に円錐状《えんすいじょう》に花が咲《さ》く。H・ルイスおよびJ・パヴォン『ペルーとチリの植物』（1799）より。

リンネの「観察」の手法とはちがって、「実験」で雑種植物《ざっしゅしょくぶつ》をつくる試みをはじめたのは、ドイツの生物学者ヨセフ・ゴットリープ・ケールロイター（1733～1806年）だった。かれの実験と考察について、少しくわしく見ていこう。

かれは、「2種のことなる植物をかけあわせると、雑種《ざっしゅ》が生《しょう》じる」ことを知っていた。しかし、その雑種《ざっしゅ》どうしがさらに繁殖《はんしょく》して子孫を残すことはないので、「2種のことなる植物をかけあわせて生まれた雑種《ざっしゅ》は、新しい種《しゅ》ではない」と考え、それを証明《しょうめい》すべく実験をはじめた。

ケールロイターが雑種《ざっしゅ》を育てはじめたのは、1760年のレニングラード（サンクトペテルブルク）。最初に研究に使った植物は、タバコだった。かれはまず、花の長さが短くて花柱《かちゅう》（めしべの細長い部分）も短い「ニコチアナ・ルスティカ」の標本株《ひょうほんかぶ》（見本として採取《さいしゅ》したもの）から花粉をとり、その花粉を、花の長さが長くて花柱《かちゅう》も長い「ニコチアナ・パニキュラータ」の標本株《ひょうほんかぶ》の柱頭《ちゅうとう》（めしべの先端《せんたん》）につけた。同様に、パニキュラータの花粉をルスティカの柱頭《ちゅうとう》につけた。そして、これらのかけあわせた花に種子が実るのを待ってとりだし、育てた。両親となる種《しゅ》はそれぞれちがう特徴《とくちょう》をもっていて、その雑種《ざっしゅ》を育てるわけだ。

育ったのは、まさに両親の形質《けいしつ》をあわせもつ中間的な雑種植物《ざっしゅしょくぶつ》だった。花の長さは短くも長くもなく、中くらいだった。花の色は赤でも白でもなく、ピンクだった。植物の枝《えだ》分《わ》かれのしかたや花のつく位置も、両親の中間型だった。

そのようにして13種類の形質《けいしつ》を測定《そくてい》し、記録した。すると、雑種《ざっしゅ》では、おしべの形以外はすべての形質《けいしつ》が両親の中間型であらわれた。しかし、どの雑種植物《ざっしゅしょくぶつ》も花がポロリと落ちてしまって種子が生《しょう》じないので、ひとつとして**自家受精**《じかじゅせい》することはできなかった。ケールロイターにとってこれは、「自然の広い分野においてこれまでに起こったすべての事象のうち、もっともすばらしいことのひとつ」だった。雑種《ざっしゅ》どうしのあいだでは繁殖《はんしょく》できないことを証明《しょうめい》しているように見えたからだ。

ケールロイターは、さらに実験をつづけた。かけあわせて咲《さ》いた雑種《ざっしゅ》の花粉を調べてみると、しなびていて、明らかに不稔《ふねん》（花は咲《さ》くものの、種子が

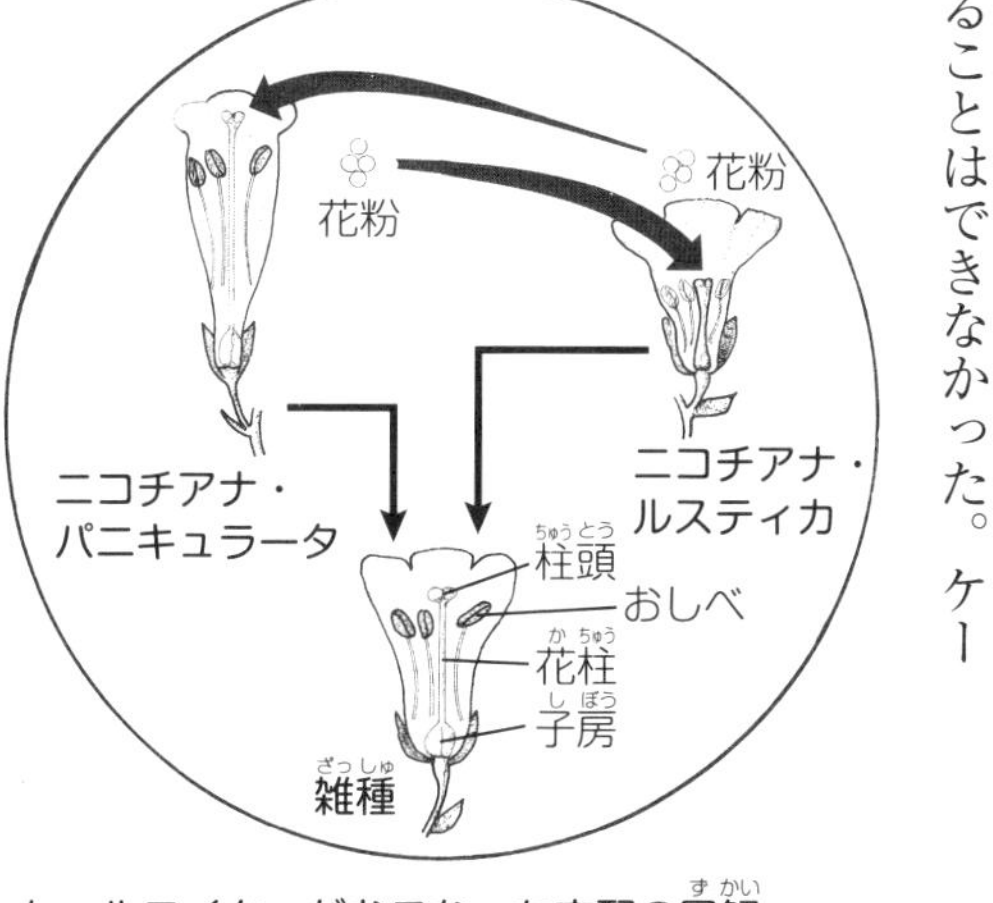

ケールロイターがおこなった交配の図解《ずかい》

実らない）であることがわかった。子房《しぼう》（めしべの付け根のふくらんだ部分で、なかで種子ができるところ）が不稔《ふねん》かどうかは見ただけではわからなかったので、雑種《ざっしゅ》の子房《しぼう》が稔性《ねんせい》をもつかどうか、調べてみることにした。稔性《ねんせい》のある植物ならば、受精《じゅせい》が完全におこなわれて、つぎの世代の植物を発達させる発芽能力《はつがのうりょく》のある種子ができるのだ。親にする種《しゅ》である「ニコチアナ・ルスティカ」と「ニコチアナ・パニキュラータ」は、どちらも稔性《ねんせい》のあることがわかっている。そこで、親植物（Ｐ１）から生まれた雑種《ざっしゅ》（これを、「第１世代の雑《ざっ》種《しゅ》（Ｆ１）」という）に、こんどは親の種《しゅ》のいずれか一方《いっぽう》からとった花粉をつけて、受精《じゅせい》を試みた。これを「戻《もど》し交配《こうはい》」といい、うまく受精《じゅせい》して種子が実る場合もあった。種子が実った場合にはさらに「第２世代の雑種《ざっしゅ》（Ｆ２）」を育てた。

第２世代の雑種《ざっしゅ》というのは、第１世代の雑種《ざっしゅ》の自家受精《じかじゅせい》からも育つし、第１世代の雑種《ざっしゅ》のちがう個体《こたい》どうしのかけあわ

自家受精《じかじゅせい》

メスとオスが生殖《せいしょく》にかかわる「有《ゆう》性生殖《せいせいしょく》」のひとつ。ふつうは「植物」において使われることば。同じ株《かぶ》にできた花のめしべとおしべのあいだで、花粉によって受精《じゅせい》すること。「自家受粉《じかじゅふん》」ともいう。

たとえばエンドウの花は、ほうっておくと、１輪《りん》の花のなかでおしべの花粉が同じ花のめしべについて、受精《じゅせい》する。

ミミズやカタツムリのように、１ぴきの個体《こたい》のなかにメスとオス両方の生殖器官《せいしょくきかん》がある「雌雄同体《しゆうどうたい》の生物」は動物にもいるが、自家受精《じかじゅせい》するのは、線虫《せんちゅう》などかぎられた種《しゅ》だけだ。

せからも得ることができる。ただしタバコの場合、雑種《ざっしゅ》の花では子房《しほう》だけが稔性《ねんせい》で花粉は不稔《ふねん》なので、このタイプのかけあわせはおこなえなかった。

しかし、ナデシコ属《ぞく》の種《しゅ》のあいだでかけあわせをおこなってみると、花粉と子房《しぼう》がともに稔性《ねんせい》の雑種植物《ざっしゅしょくぶつ》F1を得ることができたのだ。そして、そのF1のナデシコどうしをかけあわせると、F2のナデシコを得ることもできた。

ことなる種《しゅ》の植物のあいだで計画的にかけあわせをおこなって、これを2世代にわたって追跡《ついせき》し、その実験と結果を記録に残したのは、ケールロイターが最初だった。

かれの結論《けつろん》は、「第1世代の雑種《ざっしゅ》はたがいに似《に》ていて、両親の中間の特徴《とくちょう》をもつ」ということだった。赤い花の植物と黄色い花の植物のあいだの雑種《ざっしゅ》について、つぎのように書いている。

「赤と黄色がまざりあい、花の色は橙黄色《とうこうしょく》（赤みがかった黄色）になる」

ただし、ケールロイターが記録した実験にはひとつだけ、雑種《ざっしゅ》が中間の特徴《とくちょう》をしめさないという例外があった。ナデシコの八重咲《やえざ》き（花びらが密集《みっしゅう》している）の種《しゅ》と一重咲《ひとえざ》き（花びらが折り重なってはいない）の種《しゅ》とをかけあわせると、雑種《ざっしゅ》は八重咲《やえざ》きになったのだ。しかし、これはかれが実験で見つけた唯一《ゆいいつ》の例だったので、「八重咲《やえざ》きの花の花粉には、一重《ひとえ》の花を八重《やえ》にする力がある」と結論《けつろん》づけて記録に残しただけだった。八重咲《やえざ》きは一重咲《ひとえざ》きにたいして優性《ゆうせい》だったということの記録は、植物で「優性形質《ゆうせいけいしつ》」が記録されたはじめての例なのだが、ケールロイターにとって重要だったのは、「ほかのすべての雑種《ざっしゅ》が中間型になる」ということのほうだった。

また、両親の組みあわせを変えても、かけあわせの結果は変わらないことを発見した。両親のうちどちらが花粉を提供《ていきょう》し、どちらの子房《しぼう》に花粉をつけても、結果は同じなのだ。そこでケールロイターは、「雌雄《しゆう》の両親が、子にたいして同じ分量の〝分泌液《ぶんぴつえき》〟をあたえるのだ」と結論《けつろん》づけた。花粉からの分泌液《ぶんぴつえき》と子房《しぼう》からの分泌液《ぶんぴつえき》がまざりあって、雑種《ざっしゅ》にその中

八重咲《やえざ》きのナデシコ（左）と一重咲《ひとえざ》きのナデシコ（右）

かけあわせると、八重咲《やえざ》きの花が咲《さ》く。E. ブラックウェル『精説植物誌《せいせつしょくぶつし》』（1751）およびルードン夫人『淑女《しゅくじょ》の花園』（1840）より。

間の分泌液《ぶんぴつえき》があたえられるというわけだ。

もうひとつ気づいたのは、第１世代の雑種《ざっしゅ》Ｆ１がどれもよく似《に》ていて同じ形をしているのとは対照的に、第２世代の雑種《ざっしゅ》Ｆ２はすべてが似《に》ているわけではないということだった。雑種《ざっしゅ》Ｆ１の自家受精《じかじゅせい》で生《しょう》じた第２世代にもいろいろな形質《けいしつ》がまざりあっていて、ときには、親である雑種《ざっしゅ》Ｆ１よりもその両親の植物Ｐ１の一方《いっぽう》に似《に》ている場合もあったのだ。このことからかれは、「雑種《ざっしゅ》Ｆ１の分泌液《ぶんぴつえき》は、不規則《ふきそく》で不自然なまざりかたをして、雑種《ざっしゅ》Ｆ２世代でさまざまな形質《けいしつ》を生《しょう》じる」と結論《けつろん》づけた。

ヨーゼフ・ゴットリープ・ケールロイター

この実験は、ケールロイターにとって自然の完全さをしめす証拠《しょうこ》だった。雑種《ざっしゅ》Ｆ１世代が中間型であることは、一方《いっぽう》の親の形質《けいしつ》がもう一方《いっぽう》の親の形質《けいしつ》と完全にまざりあったことをしめしている。この完全さが雑種《ざっしゅ》Ｆ２世代でくずれてしまうのは、植物の交配に人間が手を出したからであって、それは「賢明《けんめい》なる創造主《そうぞうしゅ》（神）が意図するところとは、ことなっている」と理解《りかい》したのだ。

ケールロイターが論文《ろんぶん》を書いたのは、時代でいえばダーウィンが生まれるよりもまえのことで、かれは自分の実験から種《しゅ》が不変であることを証明《しょうめい》できたと信じていた。受精《じゅせい》のプロセスが解明《かいめい》されるまえに書かれたものなので、数個《すうこ》の花粉の粒《つぶ》が子房《しぼう》を受精《じゅせい》させると信じていた。また、細胞説《さいぼうせつ》が確立《かくりつ》するまえに書かれたものなので、受精《じゅせい》のプロセスは「分泌《ぶんぴつ》液《えき》」がまざりあうことだと信じていた。

ケールロイターが自分の実験からくだした結論《けつろん》は、「雑種《ざっしゅ》は、同じ形質《けいしつ》の子孫を残すこ

Dritte Fortsetzung
der
vorläufigen Nachricht
von einigen
das Geschlecht der Pflanzen
betreffenden Versuchen
und Beobachtungen,
von
Joseph Gottlieb Kölreuter
der Arzneywissenschaft Doctor, Hochfürstl. Baden-Durlachischen
Rath und Professor der Naturhistorie.
Leipzig,
in der Gleditschischen Handlung,
1766.

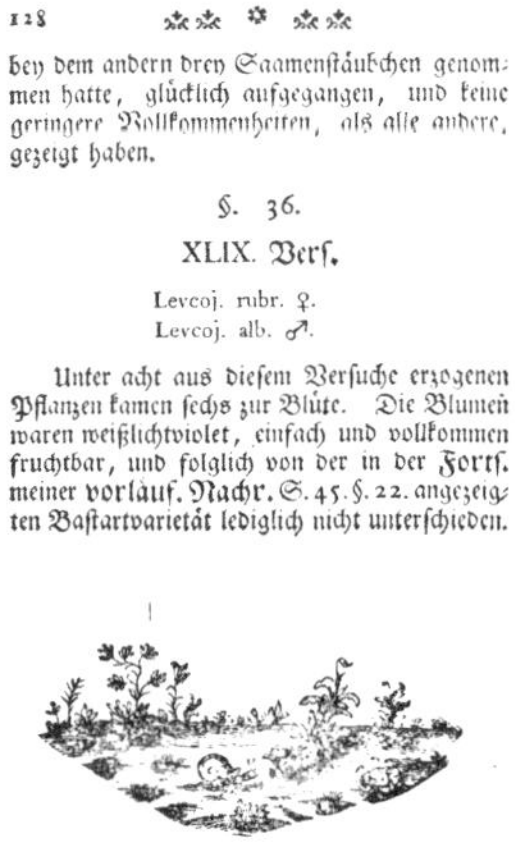
128

bey dem andern drey Saamenstäubchen genommen hatte, glücklich aufgegangen, und keine geringere Vollkommenheiten, als alle andere, gezeigt haben.

§. 36.
XLIX. Vers.
Levcoj. rubr. ♀.
Levcoj. alb. ♂.

Unter acht aus diesem Versuche erzogenen Pflanzen kamen sechs zur Blüte. Die Blumen waren weißlichtviolet, einfach und vollkommen fruchtbar, und folglich von der in der Forts. meiner vorläuf. Nachr. S. 45. §. 22. angezeigten Bastartvarietät lediglich nicht unterschieden.

ケールロイターが1766年に出版《しゅっぱん》した著作《ちょさく》より。ここでは、スノーフレークの花のふたつの変種間の交配について述《の》べている。

とはできない。したがって、雑種《ざっしゅ》は新しい種《しゅ》ではありえない」というものだった。

さて、つぎに、メンデルが1866年に発表した論文《ろんぶん》の序言《じょげん》であげている2番目の人物について紹介《しょうかい》しよう。

法律家でありマンチェスターの首席司祭でもあったイギリス人のウィリアム・ハーバート（1788～1847年）だ。かれは、園芸植物や野菜の改良に関心をもっていた。そして、ハーバートはケールロイターの著作《ちょさく》を読んでいて、その重要さをみとめていた。ユリをかけあわせて新しい園芸品種をつくりだしたり、カブをかけあわせて作物の品質《ひんしつ》を改良したりした。

そのうちに、変種どうしをかけあわせて生《しょう》じる植物が、両親の植物のどちらよりも大きくてじょうぶになる場合が多いことに気づいた。それから、カブの場合、雑種《ざっしゅ》は両親のいずれか一方《いっぽう》に似《に》ていて、その中間型になることはなかった。

カブ
J. E. サワビー『イギリス産植物誌』（1873）より。

ハーバートは、ケールロイターを「雑種実験《ざっしゅじっけん》の父」とよんでいる。かれは、世間《せけん》からケールロイターの実験がかえりみられていないことを知っていた。「ほかの人たちによってまったく追跡調査《ついせきちょうさ》されていないようだし、注目されて当然なのに、栽培家《さいばいか》も植物学者も注意をはらっていない」

ケールロイターと同じくハーバートも、「種《しゅ》とはなにか」という問題に興味《きょうみ》があったのだ。

ハーバートが見ぬいたように、問題は、種《しゅ》の定義《ていぎ》のしかた自体にあった。

当時の植物学者のほとんどは、たとえ「見かけのことなる植物」であっても、かけあわせた結果、自然条件《しぜんじょうけん》のもとで稔性《ねんせい》のある（種子が実る）雑種《ざっしゅ》が生《しょう》じるのであれば、それは、その「見かけのことなる植物」どうしが同じ種《しゅ》のなかの変種であることの証拠《しょうこ》だと考えた。ぎゃくに、かけあわせから生《しょう》じる子が不稔《ふねん》（種子が実らない）だとすると、それは両親が別種であることの証拠《しょうこ》だと。また、かけあわせが人手を借りなければおこなえない場合も、やはり両親が別種であることの証拠《しょうこ》とされた。

それにたいしてハーバートが主張《しゅちょう》したのは、「（自然になのか、人手を借りたのか）どんな状況《じょうきょう》でのかけあわせにせよ、ふたつの植物をかけあわせることで子が生《しょう》じたのであれば、その子に種子が実ろうが実るまいが、そのふたつの植物どうしは別種ではない。同一種のなかの変種なのだ」ということだ。そして、ならばある種《しゅ》のなかでどこまでを本来の種《しゅ》として線引きしてどこからを変種だと定義《ていぎ》すればいいのだろうと考えることになった。

その結果、1837年にハーバートはつぎのように書いている。

「植物の種《しゅ》と、固定された変種とのあいだをどう区別するかは、どれも人間が決めていることであって、定義《ていぎ》としてはあてにならず、重要ともいえない。ある野生植物が発見されたときに、それが新しい種《しゅ》であるのか、あるいはすでに知られている種《しゅ》の変種であるのかという判断《はんだん》をしたくても、種《しゅ》を明確《めいかく》に定義《ていぎ》することができない以上、知性《ちせい》を浪費《ろうひ》するだけだ」

メンデルが雑種植物《ざっしゅしょくぶつ》の先駆者《せんくしゃ》として紹介《しょうかい》している第3の人物は、アンリ・ルコック（1802～1871年）だ。

ルコックは、フランスのクレルモン＝フェランにある植物園の園長だった。かれは、交《こう》雑《ざつ》の技術《ぎじゅつ》や実験に関心があった。ルコックは、1845年につぎのように書いている。

「園芸愛好家というのは、自由に使える地上の一角《いっかく》がどれほど小さなものであっても、多くの有益《ゆうえき》な研究と注目に値《あたい》する実験をおこなえる立場にある」

かれは、作物はすべて交雑《こうざつ》によって改良できると考え、コムギについてだれも収量《しゅうりょう》の多い新品種を育ててこなかったことに、おどろきをしめしている。

また、ケールロイターがしたのと同じ観察によって、人工授精《じんこうじゅせい》の実用面についてくわしい記述《きじゅつ》を残している。

「八重咲《やえざ》きの花を得たい場合、両親としてかけあわせる種《しゅ》は、どちらか一方《いっぽう》が八重咲《やえざ》きの花をつける種《しゅ》でさえあれば、ほぼ確実《かくじつ》に多数の八重咲《やえざ》きの花を咲《さ》かせることができる。多くの園芸家が、両親にする種《しゅ》はともに八重咲《やえざ》きのものを用意しなければ八重咲《やえざ》きは咲《さ》かないと信じているが、その必要はまったくない」

4人目として紹介《しょうかい》するのは、メンデルがもっとも重要な人物としてとりあげているカー

改良されたコムギ（左）と、ふつうのドイツ系《けい》野生コムギ（右）
H.ド・フリース『突然変異説《とつぜんへんいせつ》』（1910）より。

ル・フリードリッヒ・フォン・ゲルトナー（1772〜1850年）だ。

ゲルトナーは、ドイツ・シュツットガルトの南東約60キロのシュヴァルツワルト（「黒い森」という意味の森・山地）にあるカルフ村の医師《いし》だった。かれの父ヨーゼフ・ゲルトナーは有名な植物学者で、ケールロイターの友人であり、ケールロイターは雑種実験《ざっしゅじっけん》の一部をおこなうときゲルトナー家の庭を使わせてもらっていた。ゲルトナーは、植物の結実と種子形成についての父親の研究をひきつぎ、1791年に父親を亡《な》くすも、その年のうちに研究を完成させた。この仕事をしたことでゲルトナーは雑種《ざっしゅ》の問題に魅力《みりょく》を感じるようになり、植物の受精《じゅせい》の特質《とくしつ》や種子の色の遺伝《いでん》について調べる研究をした。

そののち1820年から1840年にかけては、植物の交雑実験《こうざつじっけん》をおこなっていた。そんななか、1830年にオランダの科学アカデミーが、つぎのような問題に答える懸賞《けんしょう》論文《ろんぶん》を募集《ぼしゅう》した。

「ある花を、べつの花の花粉によって人工授精《じんこうじゅせい》して新しい種《しゅ》や変種をつくったとき、その経験《けいけん》はなにを教えてくれるのか。また、この方法で、どのような経済的植物《けいざいてきしょくぶつ》および観賞植物をつくりだし、増殖《ぞうしょく》させられるだろうか」

1835年、ゲルトナーはアカデミーの事務局《じむきょく》に自分の研究の要約を送った。アカデミーがこの応募《おうぼ》を受けつけたので、ゲルトナーはくわしい研究論文《けんきゅうろんぶん》の作成にとりかかった。そして1837年、150の雑種植物《ざっしゅしょくぶつ》の標本をそえた200ページにおよぶゲルトナーの論文《ろんぶん》が賞をとった。論文《ろんぶん》は、増補《ぞうほ》、改訂《かいてい》され、1845年に『植物界における雑種《ざっしゅ》についての実験および観察』と題して出版《しゅっぱん》された。

ゲルトナーの本には1万件《まんけん》におよぶ植物の交雑実験《こうざつじっけん》の結果が記載《きさい》されていて、メンデルはこの本から、植物雑種《しょくぶつざっしゅ》についての先駆者《せんくしゃ》たちの「おおいに役だつ観察結果」を得たのだった。メンデルはその自分の本に、多数の下線をひき、書きこみをしている。

ゲルトナーの研究をくわしく見てみよう。かれは、雑種《ざっしゅ》を3つの型に分けて考えた。「中間型」「混入型《こんにゅうがた》」「確定型《かくていがた》」である。「中間型」というのは、両親の受精物質《じゅせいぶっしつ》がぴったりとつりあっていて、均一《きんいつ》な雑種《ざっしゅ》が生《しょう》じる場合をいう。「混入型《こんにゅうがた》」は中間型に似《に》るが、できた雑種《ざっしゅ》に両親のうち一方《いっぽう》の親の形質《けいしつ》がより多くあらわれる場合をいう。「確定型《かくていがた》」では、雑種《ざっしゅ》が一方《いっぽう》の親だけに似《に》る。

ゲルトナーは、その研究結果を「分泌液《ぶんぴつえき》のつりあい」ということで説明した。一方《いっぽう》の親の分泌液《ぶんぴつえき》が他方の親の分泌液《ぶんぴつえき》とまざりあわないか、または花粉が子房《しぼう》より多くの分泌液《ぶんぴつえき》を

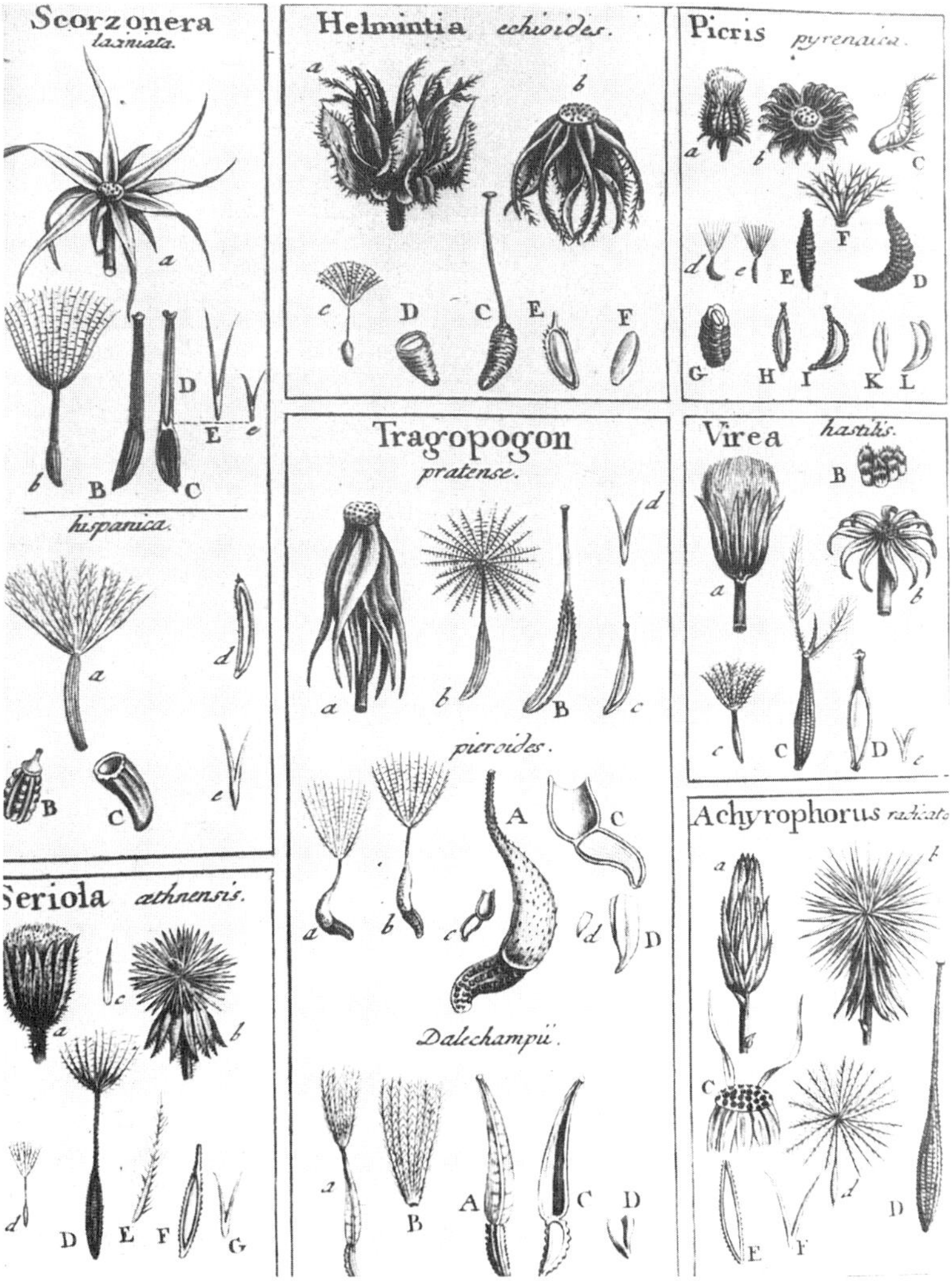

ヨーゼフ・ゲルトナー『植物の果実と種子』（1791）より。

つくりだしていると仮定《かてい》したのだ。ケールロイターと同じくゲルトナーも、受精《じゅせい》がどのようにして起こるかは理解《りかい》していなかった。

ゲルトナーは、つぎのように書いている。

「雑種《ざっしゅ》がたいていは直系《ちょっけい》の両親に似《に》るという現象《げんしょう》は、種子が、生殖《せいしょく》のさいに両親の分泌液《ぶんぴつえき》がまざりあって生《しょう》じるものであり、花粉だけから生《しょう》じるものではないと考えれば、理解《りかい》できる。しかし、雑種《ざっしゅ》が両方の型の形質《けいしつ》を等しくあわせもつことはきわめてまれで、多くの場合は、合体するとどちらか一方《いっぽう》の形質《けいしつ》が他方より強くあらわれる。では、いったいどのような法則《ほうそく》が、雑種《ざっしゅ》の形成におけるこれらの変異《へんい》を支配《しはい》しているのだろうか」

そして、雑種《ざっしゅ》の種子の色に花粉がどう影響《えいきょう》するかを見つけだそうと、まずは４系統《けいとう》のトウモロコシを育てた。

ひとつは「背《せ》が低くて小粒《こつぶ》の、黄色い種子をつける系統《けいとう》」。ほかの３つはいずれも「背《せ》が高くて大粒《おおつぶ》の種子をつける系統《けいとう》」で、色が「茶色」「赤色」「赤い縞模様《しまもよう》」の３系統《けいとう》に分かれていた。

ゲルトナーは、これらのなかで「背《せ》の低い系統《けいとう》」と「背《せ》の高い３系統《けいとう》」とのかけあわせを試みた。１８２４年、かれは「赤い縞《しま》の変種」の花粉を用いたかけあわせに成功した。

稔性《ねんせい》のある（種子が実る）雑種植物《ざっしゅしょくぶつ》が1本育ち、この植物から「大粒《おおつぶ》の黄色い種子」が5個《こ》得られたのだ。そして、その5個《こ》の種子をまいてみると、4本の雑種植物《ざっしゅしょくぶつ》を結実させることができた。そのうちの2本はすべて「黄色い種子」だった。あとの2本のうち一方《いっぽう》は「黄色い種子224個《こ》、赤い種子64個《こ》」をつけ、もう一方《いっぽう》は「黄色い種子104個《こ》、赤い種子39個《こ》」をつけた。黄色い種子と赤い種子の比率《ひりつ》は328対103、つまり3・18対1だった。

つづいてゲルトナーは、エンドウでも研究をおこない、ことなる変種をかけあわせて得た第1世代について結果を記録した。「ツル性《せい》のエンドウ（種子は黄色）」の6つの花を、「早生《そうせい》で緑色のブロッケル品種のエンドウ（種子は青緑色）」の花

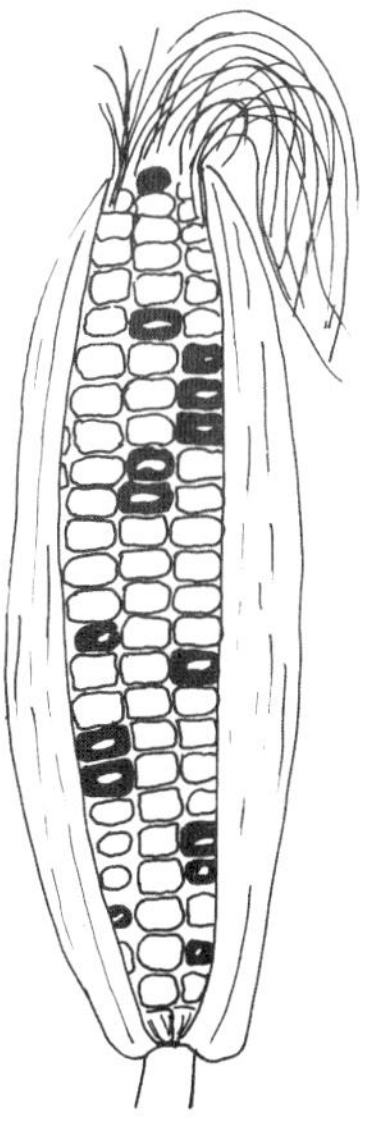

黄色と赤色の種子をつけたトウモロコシの穂軸《ほじく》
K・F・フォン・ゲルトナーの実験の図。

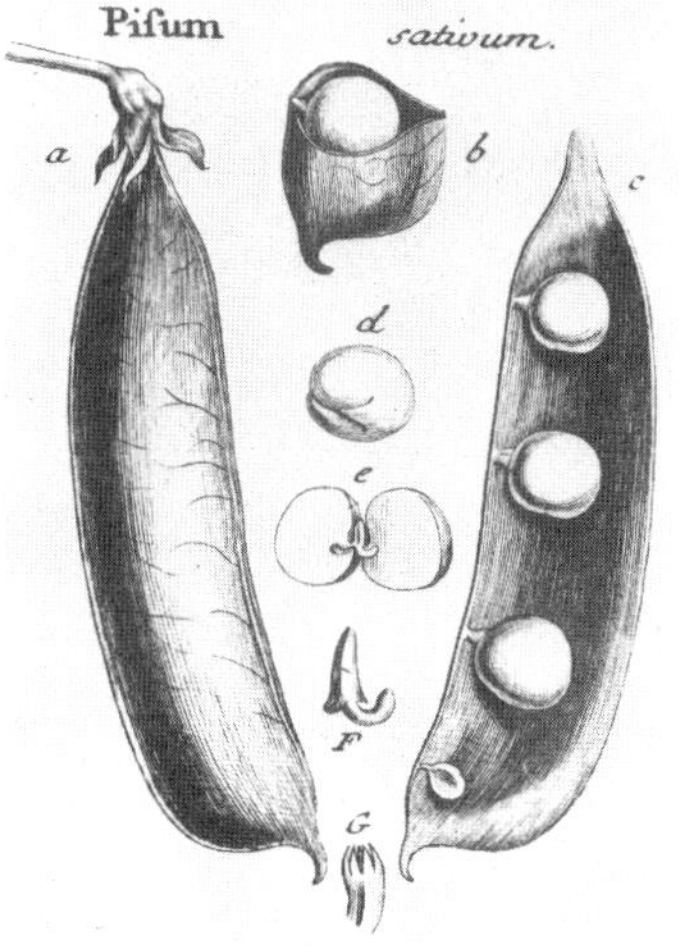

エンドウ
ヨーゼフ・ゲルトナー『植物の果実と種子』（1791）より。

粉で受精《じゅせい》させたところ、得られた種子は22個《こ》で、「すべて黄色」だった。しかし、さらにその22個《こ》の種子から育った植物を自家受精《じかじゅせい》させて第2世代の雑種植物《ざっしゅしょくぶつ》を育てると、得られた種子のうち「あるものは黄色」で「あるものは青緑色」だった。ゲルトナーは、つぎのように書いている。

「第1世代の雑種《ざっしゅ》は、色のちがう両親から生まれながらもすべて黄色だったが、その雑種《ざっしゅ》どうしの受精《じゅせい》によって生まれる第2世代は、あるものは青緑色になる。世代によって、エンドウの種子の色はこのようにあらわれるのだ。色のちがうものどうしをかけあわせた場合、ことなる系統《けいとう》の花粉の影響《えいきょう》を直接《ちょくせつ》に受けてつくりだされる第1世代の雑種《ざっしゅ》よりも、かえって第2世代の雑種《ざっしゅ》のほうがいっそう高い確率《かくりつ》で、見た目にもはっきりわかる色の特徴《とくちょう》があらわれる。これについては、トウモロコシその他の種子においても、きわめてよく似《に》た関係が生《しょう》じる」

トウモロコシの実験のときとはことなり、エンドウのかけあわせについては、第2世代の雑種《ざっしゅ》で得られた黄色と青緑色の種子の数を記録していない。しかしかれは、種子の色に優性形質《ゆうせいけいしつ》があることは観察した。トウモロコシでもエンドウでも、第1世代の雑種《ざっしゅ》では「黄色」がほかの色をおおいかくしたことを記録した。さらに、トウモロコシの第2世代の雑種《ざっしゅ》で種子の色は「3対1の比率《ひりつ》」になったことも観察し、記録した。けれどもゲルトナーも、この章で18世紀の学者として最初に紹介《しょうかい》したケールロイターと同じように、ただそれを観察して記録にとどめただけだった。受精《じゅせい》のさいにオスとメスの「分泌液《ぶんぴつえき》」がまざりあって形質《けいしつ》をつくりだすと考えただけでなく、子房《しぼう》を受精《じゅせい》させるのに2個《こ》以上の花粉の粒《つぶ》がかかわると考えたところも、ケールロイターと同じだった。

また、この章で2番目に紹介《しょうかい》したハーバートと同じように、ゲルトナーも「種《しゅ》とはなにか」を定義《ていぎ》しようとした。しかし、ゲルトナーは種《しゅ》の「本質性《ほんしつせい》」というものを信じていた。だから、ハーバートのように、稔性《ねんせい》がある（おたがいに繁殖《はんしょく》できる）というだけでそれらの変種を独立《どくりつ》した種《しゅ》だと考えることはしなかった。ゲルトナーの考えでは、種《しゅ》には「その種《しゅ》に固有の形態《けいたい》」と「はっきりと限定《げんてい》されたオスとメスの関係」があって、それが種《しゅ》と種《しゅ》のあいだを区別しているのだ。

種《しゅ》が不変であるとも信じていた。タバコの雑種《ざっしゅ》が

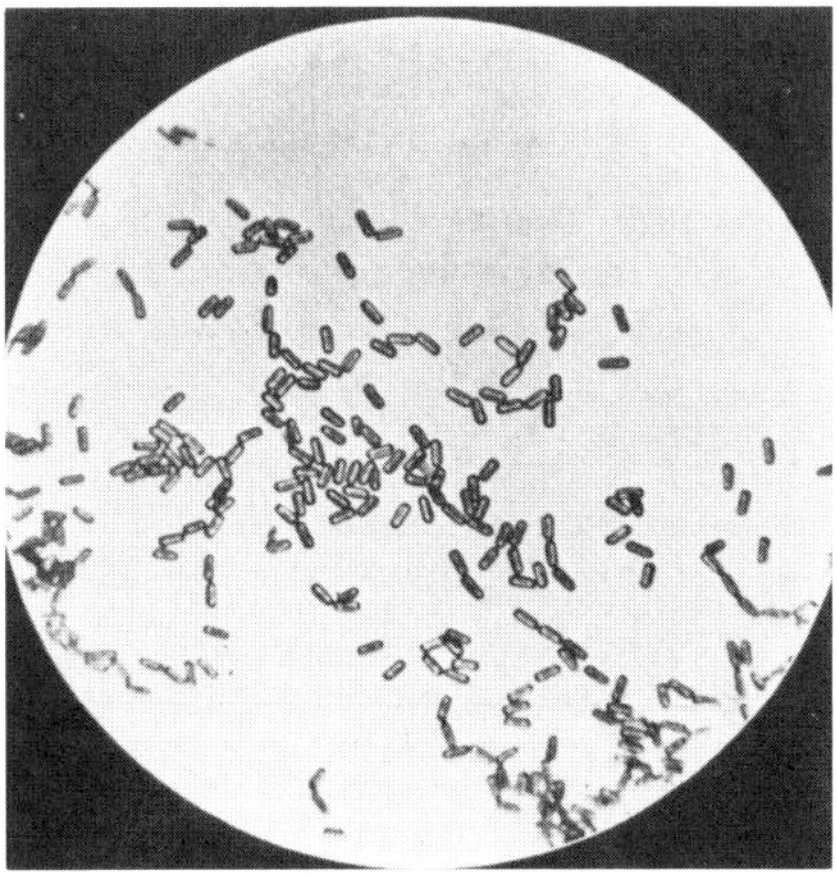

エンドウの花粉粒《かふんりゅう》（約40倍）
A. D. ダービシャイアー『育種《いくしゅ》とメンデルの発見』（1911）より。

不稔《ふねん》である（種子が実らない）ことは、この不変性《ふへんせい》の証拠《しょうこ》だった。
「同じ種《しゅ》であれば、その形態《けいたい》は本質的《ほんしつてき》にひとつのものであるはずだ」というのだ。

さて、メンデルが1866年発表の論文《ろんぶん》の序言《じょげん》で名をあげている最後の人物は、雑種研究家《ざっしゅけんきゅうか》のマックス・エルンスト・ヴィヒュラ（1817〜1866年）というドイツ人だ。

ヴィヒュラはブレスラウ（現在はポーランドの都市ヴロツワフ）の植物学者で、1865年に、ヤナギ属《ぞく》についておこなっていた研究の結果を発表した。かれは、ゲルトナーがおこなったような「植物の個々《ここ》の形《けい》質《しつ》」を研究したのではなく、ヤナギ属《ぞく》のさまざまな種《しゅ》をかけあわせて、その植物を全体として研究したのだ。かれは、雑種《ざっしゅ》の多くが親植物より大型になり、よく育つことに気づいた（これを「雑種強勢《ざっしゅきょうせい》」という＝80

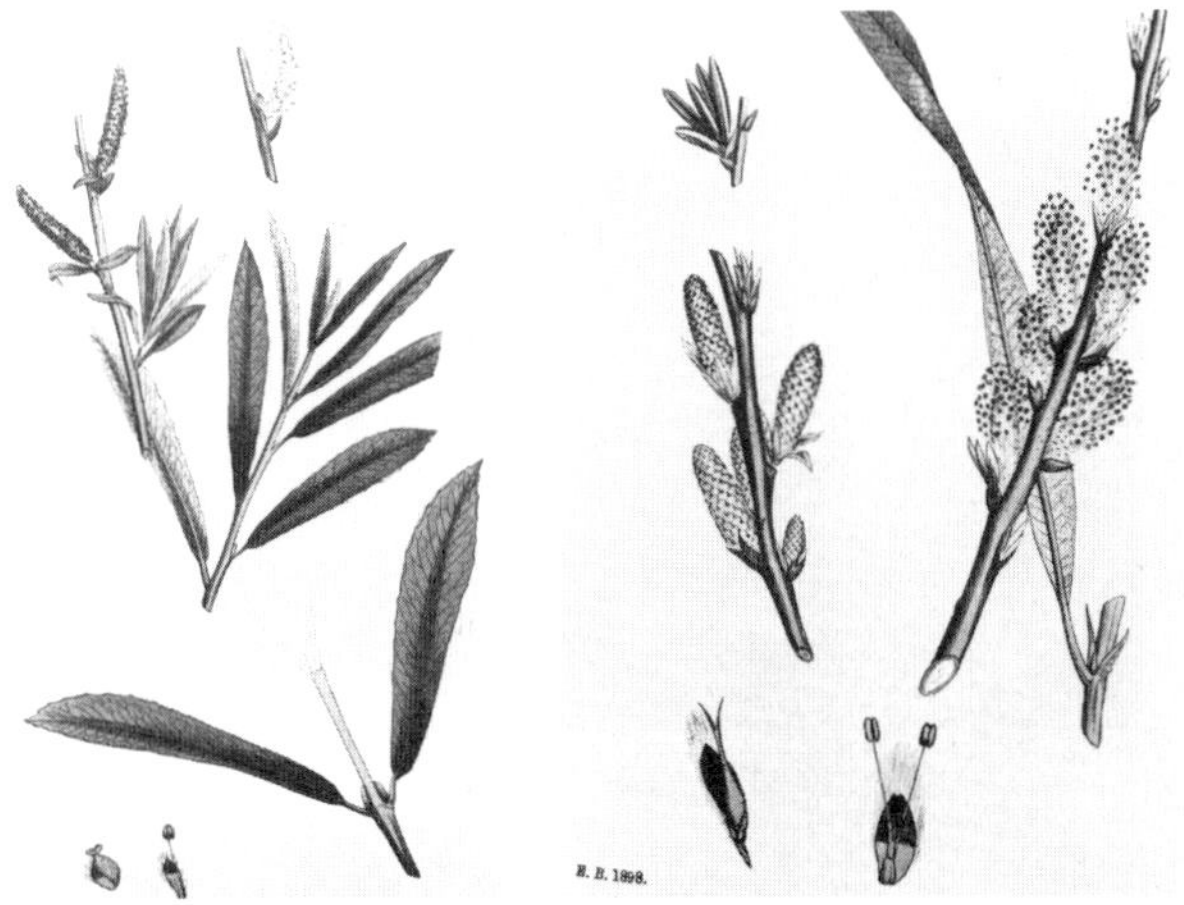

キヌヤナギ（右）とセイヨウコリヤナギ（左）
J. E. サワビー『イギリス産植物誌《さんしょくぶつし》』（1873）より。

ページ参照)。

ヴィヒュラの雑種《ざっしゅ》は、ふつう両親の中間型になった。「雑種《ざっしゅ》の受精《じゅせい》において、両親の形質《けいしつ》がことなる場合、中間的な形状《けいじょう》があらわれる」のだ。そして、どちらの親が花粉を提供《ていきょう》したかにかかわらず同じ結果が得られる理由については、こう説明している。「それぞれの親の種《しゅ》を特徴《とくちょう》づけている固有で不変の形質《けいしつ》のうち、その半分が雑種《ざっしゅ》にうつり、両親の中間の形質《けいしつ》となってあらわれるからである」と。受精《じゅせい》についてのヴィヒュラの考えかたは、ケールロイターやゲルトナーよりも正確《せいかく》だった。

また、ヴィヒュラは正逆交雑《せいぎゃくこうざつ》についても述《の》べている。「受精《じゅせい》による産物(子)を構成《こうせい》するとき、花粉の細胞《さいぼう》1個《こ》は、数学的正確《すうがくてきせいかく》さで、卵細胞《らんさいぼう》1個《こ》とまったく同じだけのもの(子の形質《けいしつ》をつくりだすもの)を分担《ぶんたん》しているはずだ」と。かれの書いたものを見ると、受精《じゅせい》のプロセスを解釈《かいしゃく》するにあたり、「細胞説《さいぼうせつ》」の影響《えいきょう》がますます大きくなっていることがわかる。

正逆交雑《せいぎゃくこうざつ》

遺伝学《いでんがく》の実験のさい、オスとメスで形質《けいしつ》をぎゃくの組みあわせにして交雑《こうざつ》すること。たとえばマウスを使った実験で、毛色の白いオスと灰色《はいいろ》のメスのかけあわせをしたら、同時に白いメスと灰色《はいいろ》のオスのかけあわせも実験する。こうすることで、毛の色などの形質《けいしつ》が、メスとオスのどちらからも、親から子に等しく伝えられることをたしかめることができる。

つづいては、「細胞説《さいぼうせつ》」をめぐる流れを紹介《しょうかい》しよう。

ウィーン大学でメンデルが講義《こうぎ》を受けていたフランツ・ウンガーは、1838年にシュライデンがとなえた「細胞説《さいぼうせつ》」の支持者《しじしゃ》だった。シュライデンは受精《じゅせい》のプロセスを明らかにすることはできなかったものの、「細胞《さいぼう》こそがすべての生物の基礎《きそ》である」と説《と》いた。これがシュライデンの細胞説《さいぼうせつ》だ。

細胞説《さいぼうせつ》が出るより何年もまえの、イタリアのジャン－バプティスタ・アミチ（1784～1860年）の場合、自作の顕微鏡《けんびきょう》で自分が見たものについても、当時の伝《でん》統的《とうてき》な考えかたにもとづいて説明していた。かれが観察したものとは、1粒《つぶ》の花粉が突起《とっき》を出すところだ。1830年には、改良した顕微鏡《けんびきょう》で、花粉から出た突《とっ》起《き》が管となってめしべの花柱《かちゅう》を下っていき、子房《しぼう》と接触《せっしょく》するのを見ることもできた。ランとウリ類でこのようすを観察し

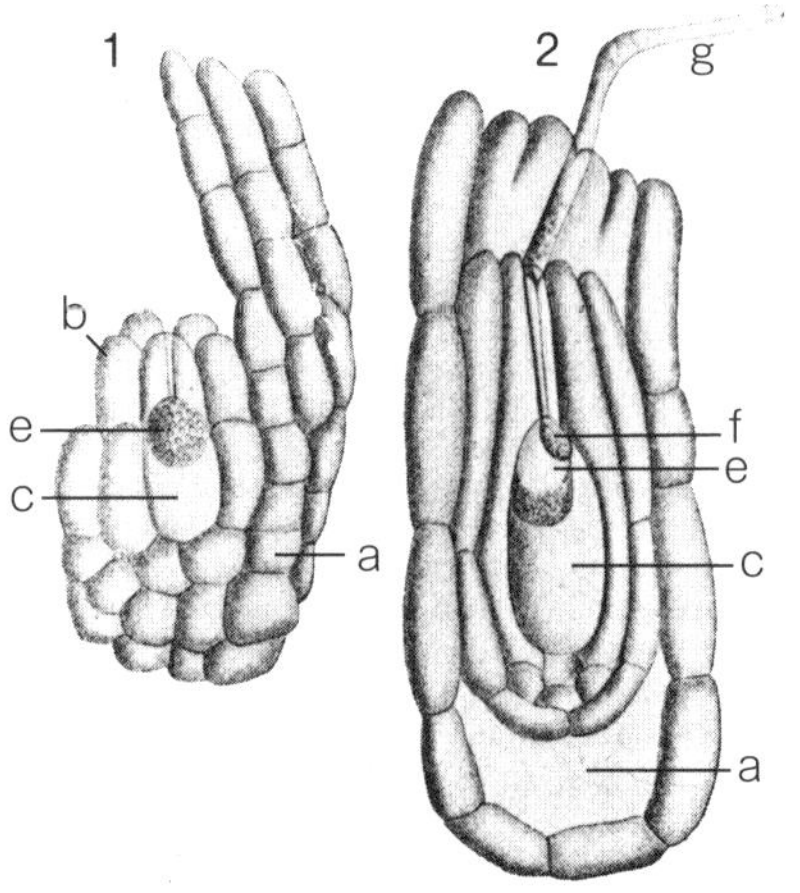

ランの受精《じゅせい》

J-B. アミチ『ランの受精《じゅせい》について』（1847）より。

1：受精《じゅせい》まえ

2：受精時《じゅせいじ》

f：花粉管

たかれは、「1本の花粉管だけがどんどんのびて卵細胞《らんさいぼう》まで達すること」、また「花粉管は卵細胞《らんさいぼう》のなかまでは入りこまないこと」を確信《かくしん》した。これをかれがどう説明したかというと、「花粉管のはしから分泌液《ぶんぴつえき》がもれ出て、子房《しぼう》の膜《まく》を通りぬけ、卵細胞《らんさいぼう》の分泌液《ぶんぴつえき》とまざりあう」というものだった。

シュライデンは、分泌液《ぶんぴつえき》という考えかたには反対だった。また、オスとメスの貢献度《こうけんど》が等しいという考えかたにも反対だった。かれは、新しい植物のはじまり（つまり植物の胚《はい》）は、胚《はい》のう（種子植物の胚珠《はいしゅ》のなかにできる雌性生殖器官《しせいせいしょくきかん》で、卵《らん》＝配偶子《はいぐうし》を生じる部分）のかべのなかに押《お》しいった花粉管の先端《せんたん》から形づくられると考えた。胚《はい》のうは、胚《はい》が発育していくための栄養をあたえるにすぎないというのだ。植物育種家《しょくぶついくしゅか》たちが証拠《しょうこ》をつみあげてきているにもかかわらず、かれは「雄性《ゆうせい》の花粉と雌性《しせい》の卵細胞《らんさいぼう》の要素《ようそ》が融合《ゆうごう》する」という考えを受けいれようとしなかった。

1856年、ナタネール・プリングスハイム（1823〜1894年）は、淡水《たんすい》の藻類《そうるい》であるサヤミドロの受精《じゅせい》を観察した。1個《こ》の精子《せいし》が1個《こ》の卵細胞《らんさいぼう》に入っていった。

１８５６年にシュライデンの弟子《でし》は、花粉管の核《かく》が胚《はい》のうに入って卵細胞《らんさいぼう》の核《かく》と融合《ゆうごう》するのを見た。

これで、シュライデンもついに、「オスとメスの植物は、細胞《さいぼう》が融合《ゆうごう》することによって、子にたいして同じだけ寄与《きよ》する」ということを確《かく》信《しん》するようになった。

メンデルが実験を開始したのも、１８５６年だった。

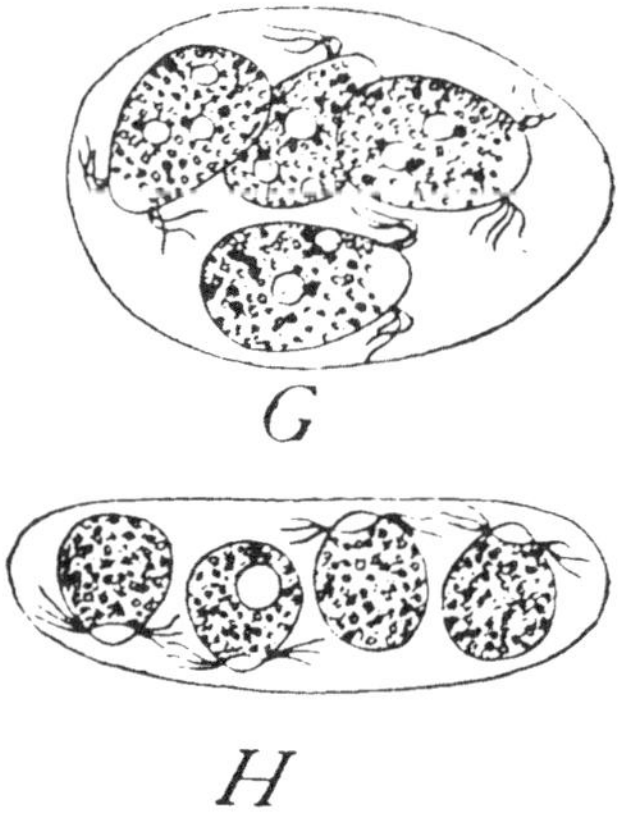

緑藻《りょくそう》の1種《しゅ》サヤミドロの受精《じゅせい》
受精卵《じゅせいらん》は卵胞子《らんほうし》となり、4個の遊走子《ゆうそうし》（べん毛があり、水中を泳ぐ胞子《ほうし》）を形成する。N. プリングスハイム（1856）より。

6 メンデルの実験

細胞説《さいぼうせつ》と１００年間にわたる雑種《ざっしゅ》づくりの実験から、植物のオスとメスは子にたいして同じだけの寄与《きよ》をすることがしめされた。植物育種家《しょくぶついくしゅか》たちは、いろいろな単一形質《たんいつけいしつ》を研究して優性《ゆうせい》の現象《げんしょう》を記録した。ゲルトナーは、第2世代のトウモロコシの種子を色別にかぞえた。しかし、遺伝《いでん》の統一原理《とういつげんり》というものは見いだせていなかった。

メンデルは、植物育種《しょくぶついくしゅ》の研究に物理学の技法《ぎほう》をとりいれた。「偶然《ぐうぜん》と確率《かくりつ》の法則《ほうそく》」を受精《じゅせい》のプロセスに応用《おうよう》したのだ。2個《こ》の細胞《さいぼう》が融合《ゆうごう》して1個《こ》の細胞《さいぼう》になる。「したがって、2種類の花粉のうちのど

1862年当時のメンデル

れが個々《ここ》の卵細胞《らんさいぼう》と合体するかは、純粋《じゅんすい》に偶然《ぐうぜん》のことがらとなる」と、メンデルは書いている。

物理実験をおこなうときの構想《こうそう》と方法が生物学にもちこまれた。メンデルは、雑種《ざっしゅ》の交《こう》雑《ざつ》の結果を数えて記録することにした。意味のある数字を得るためには、実験の計画をよく練らなければならない。メンデルは、つぎのように書いている。

「植物育種家《しょくぶついくしゅか》による実験のどれひとつとして、雑種《ざっしゅ》の子孫にあらわれるいろいろな型の数を決定したり、それらの型を個々《ここ》の世代ごとにきちんとならべたり、あるいはその統計学《とうけいがく》的《てき》な関係を明確《めいかく》にできるような規模《きぼ》と方法ではおこなわれていなかった」

実験には、自家受精《じかじゅせい》と他家受精《たかじゅせい》をたやすく管理できて、実験の計画にしたがってどちらの受精《じゅせい》もかんたんにできるような植物が必要だった。望ましくない花粉がつかないように、花は花粉からかんたんに保護《ほご》できなければならない。メンデルは、花の構造《こうぞう》から考えて「マメ科植物」を選んだ。

エンドウでは、おしべとめしべは下側の竜骨弁《りゅうこつべん》（2枚《まい》の花びらを合わせた形の花弁《かべん》）につつみこまれている。自家受精《じかじゅせい》は、花が開くまえにこのつつみのなかでおこなわれることなので、ふつうは、自家受精《じかじゅせい》のまえにほかの花からの花粉がめしべの柱頭《ちゅうとう》にとどくおそれはない。

一方《いっぽう》、他家受精《たかじゅせい》は人の手でおこなうものだ。メンデルは、つぎのように書いている。

「この目的のためには、つぼみが完全に発達するまえにつぼみを開いて竜骨弁《りゅうこつべん》をとりのぞき、おしべを1本ずつ、ピンセットで注意ぶかくひきぬく。そうすれば、柱頭《ちゅうとう》にすぐにべつの花の花粉をまぶすことができる」

そのあと、花に袋《ふくろ》をかぶせる。

この実験にあたってメンデルは、マメ科植物のなかからエンドウを選んだ。たくさんの変種が手に入るし、育てやすいからだ。エンドウは修道院《しゅうどういん》の建物の裏手《うらて》にある小さな庭で育てられた。いくつかの実験を同時におこなうために植物は密植《みっしょく》されて、フェンスをはい上がったり木に巻《ま》きついたりした。実験のために使うことをゆるされたのはその庭の一角《いっかく》だけだったので、植える場所がなくなると植木鉢《うえきばち》でエンドウを育てることもあった。

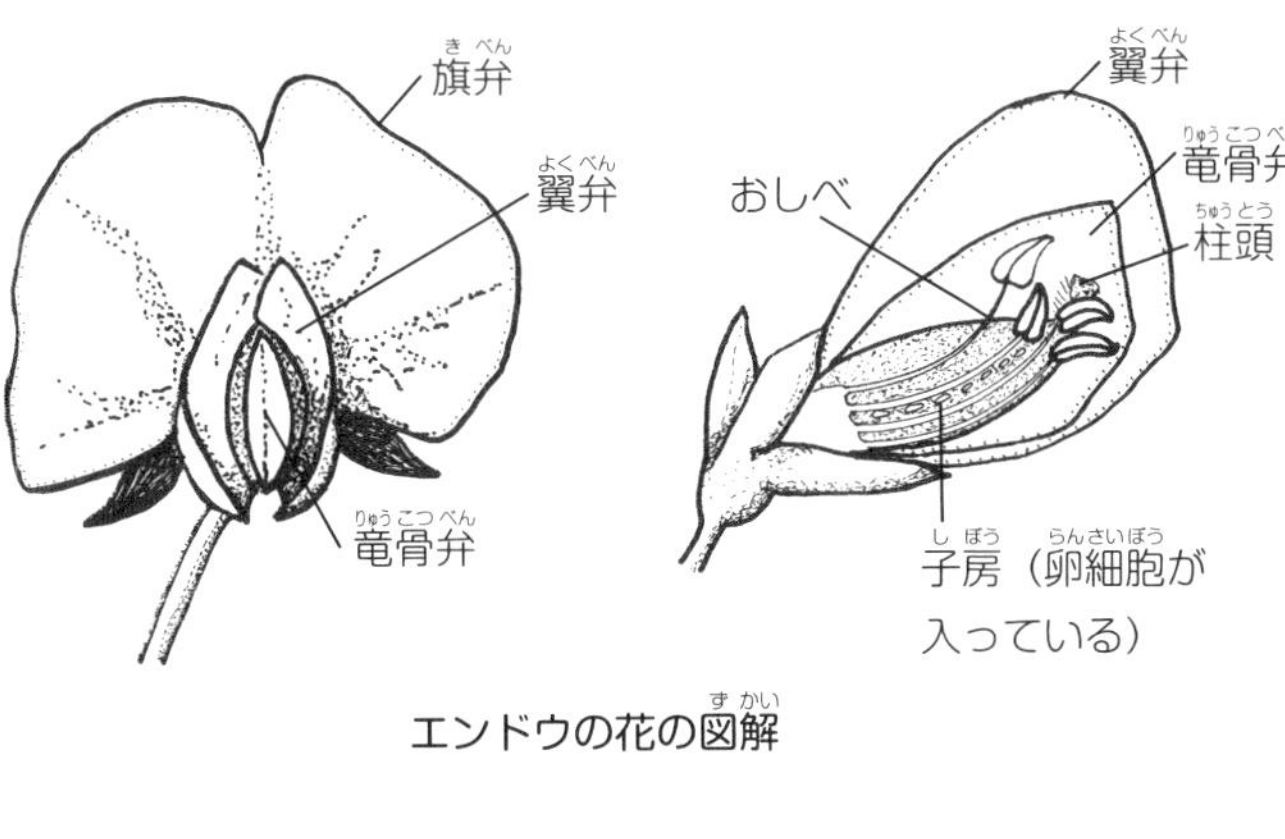

エンドウの花の図解《ずかい》

メンデルがエンドウを育てた庭

かれの部屋は、庭の真上の2階にあった。庭には、「背《せ》の高いエンドウ」と「背《せ》の低いエンドウ」が植えられている。

同じ時期に種子をまいて育てた「背《せ》の高いエンドウ」と「背《せ》の低いエンドウ」の苗《なえ》。

さやの色が黄色のエンドウと、緑色のエンドウ

A. D. ダービシャイアー『育種《いくしゅ》とメンデルの発見』（1911）より。

メンデルの実験に適《てき》した植物は、自家受精《じかじゅせい》の系統《けいとう》のなかでも安定してつづいていく、きわだった形質《けいしつ》をもっていなければならなかった。そこで、エンドウのさまざまな変種を栽《さい》培《ばい》して、２年間自家受精《じかじゅせい》をおこなわせた。１系統《けいとう》以外はどの系統《けいとう》も、各世代が安定してまえの世代と同じ形質《けいしつ》をしめした。メンデルは、変異《へんい》が出ないことが証明《しょうめい》された「純系《じゅんけい》」を確立《かくりつ》したのだ。

メンデルは、エンドウの34種類の変種から研究しやすい形質《けいしつ》をもった22種類を選んだ。１８５６年から１８６３年にかけての実験期間中も、この22の変種はずっと自家受精《じかじゅせい》で育てておいた。このようにメンデルは、人工交配の結果と照らしあわせることのできる、基準《きじゅん》となる標本をつねに用意しておいた。

温室で育てた植物は、屋外でのかけあわせの「対照」として使われた。ミツバチやマメゾウムシは温室からしめ出しておけるので、こうした動物による他家受精《たかじゅせい》の危険《きけん》はなかった。植物の雑種《ざっしゅ》に関する実

「純系《じゅんけい》」と「対照」

純系《じゅんけい》　自家受精《じかじゅせい》をして、親・子・孫と代を重ねても、その形質《けいしつ》が変わらないもの。メンデルは、遺伝《いでん》の実験をおこなうまえに自《じ》家受精《かじゅせい》をくりかえして、対立形質《たいりつけいしつ》（次ページ参照）のうち一方《いっぽう》の形質《けいしつ》しか生《しょう》じない系《けい》統《とう》である「純系《じゅんけい》」をつくりだした。

対照　科学の研究において、結果を検証《けんしょう》するための比較対象《ひかくたいしょう》を設定《せってい》した実験を「対照実験」という。実験に使う植物を「実験群《じっけんぐん》」とよぶのにたいして、比較対象《ひかくたいしょう》の基準《きじゅん》となる植物は、「対照群《たいしょうぐん》」あるいは「対照」とよぶ。

験がこのように計画的におこなわれたのは、はじめてのことだった。

メンデルの実験に適《てき》した植物は、対照的な形質《けいしつ》（**対立形質**《たいりつけいしつ》）をもっていなければならなかった。かれは、純系《じゅんけい》の育種系統《いくしゅけいとう》のなかに、形と大きさと色について一方《いっぽう》とはっきり見分けられる形質《けいしつ》の組みあわせをいくつか見つけた。メンデルは15の形質《けいしつ》を選んだが、最終的に「対照」がはっきりわかる7種類にしぼりこんだ。

実験をしていくなかで、「粒《つぶ》が小さい豆なのか、大きい豆なのか」「小さい葉なのか、大きい葉なのか」という区別はつけにくいことがわかった。というのは、かれも書いているように、「そのちがいは、多いか少ないかという〝程度《ていど》問題《もんだい》〟」なのであって、その中間型がいくらでもあるからだ。そのため、かれは「多いか少ないか」という程度問題《ていどもんだい》の形質《けいしつ》ではなく、「花、

対立形質《たいりつけいしつ》

一方《いっぽう》とはっきり見分けられる、対《つい》になった形質《けいしつ》のこと。

メンデルは「種子の形（丸・しわ）」「子葉の色（黄色・緑色）」「種皮の色（有色・無色）」「さやの形（くびれなし・くびれあり）」「さやの色（緑色・黄色）」「花のつく位置（葉の付け根・茎《くき》の頂《いただ》きあたり）」「草丈《くさたけ》（高い・低い）」の7種類を調べた。

さや、種子の色と形」を研究対象に選んだ。その後、「茎《くき》の長さ」も対象にくわえた。茎《くき》が長くて背《せ》が高い植物は、茎《くき》の短い植物の6倍もの高さがあり、程度問題《ていどもんだい》の形質《けいしつ》ではないことが証明《しょうめい》された。

メンデルは、「1本の植物では、花と種皮の色がつねに同じである」ことをたしかめた上で、「花が紫色《むらさきいろ》で、種皮が茶色の植物」と「花が白色で、種皮が無色の植物」とをかけあわせた。

また、「花が茎全体《くきぜんたい》に分散してつく植物」と「花が茎《くき》の先端《せんたん》に房《ふさ》になってつく植物」もかけあわせた。そのほか、「種子の表面がなめらかな植物」と「表面にしわがよっている植物」をかけあわせた。「子葉が黄色またはオレンジ色の植物」と「子葉が多少ともあざやかな緑色を

修道院《しゅうどういん》の修道士《しゅうどうし》たち（1861～1864年）
メンデルは右から3人目で、フクシアの花を手に、立っている。ナップ修道院長《しゅうどういんちょう》は右から4人目。

帯びた植物」をかけあわせた。「さやのふくらんだ植物」と「さやのくびれた植物」をかけあわせた。「さやが緑色の植物」と「さやが黄色または赤味がかった植物」をかけあわせた。「茎《くき》の長い植物（2メートル以上）」と「茎《くき》の短い植物（0・5メートル以下）」をかけあわせた。

　このように、対照的でちがいがよくわかる形質《けいしつ》をもつ植物だけを用いたのだ。

　そして必ず、1組の変種のかけあわせを2回ずつおこなった。1回目のかけあわせでは一方《いっぽう》の変種から花粉をとって他方の変種につけ、2回目のかけあわせでは、もう一方《いっぽう》の変種から花粉をとって他方につけるという方法だ（67ページのコラム「正逆交雑《せいぎゃくこうざつ》」を参照）。

　メンデルは、観賞用植物の観察から、「雑種《ざっしゅ》が、いつも正確《せいかく》に両親の中間の特徴《とくちょう》をしめすわけではないこと」をすでに知っていたといっている。たとえば「葉の形や大きさ」という形質《けいしつ》は、両親の中間型になることもあるが、ほかの形質《けいしつ》では、両親の形質《けいしつ》のうちいず

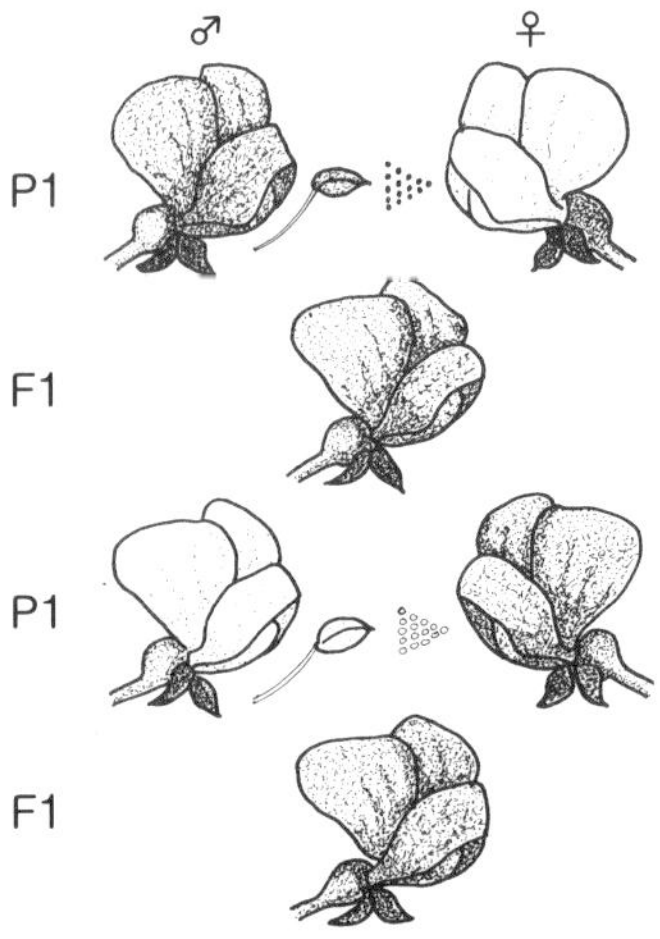

エンドウの、紫色《むらさきいろ》の花と白い花の変種のあいだでの、正逆交雑《せいぎゃくこうざつ》。上のかけあわせでは紫色《むらさきいろ》の花の花粉を用い、下のかけあわせでは白い花の花粉を用いている。

れか一方《いっぽう》が「優位《ゆうい》」になる。実験には、はっきりした優劣関係《ゆうれつかんけい》をしめす植物を選び、程度《ていど》の差はあるけれど両親の中間型になってしまう形質《けいしつ》は意図的に除外《じょがい》した。

こうしてメンデルは、自分がかけあわせの対象に選んだ7種類の形質《けいしつ》では、子が両親の中間型になる形質《けいしつ》はひとつもないことをしめした。

そして、優位《ゆうい》な形質《けいしつ》のことを「優性《ゆうせい》」とよび、雑種《ざっしゅ》ではあらわれてこない形質《けいしつ》のほうを「劣性《れっせい》」とよぶことを提案《ていあん》した（「劣性《れっせい》」といっても、その形質《けいしつ》が劣《おと》っているわけではなく、あらわれずにかくれているという意味）。

紫《むらさき》色《いろ》の花の植物と、白い花の植物をかけあわせると、すべての子植物は紫《むらさき》色《いろ》の花をつけた。どちらの個体《こたい》から花粉をとったかは無関係だった。紫《むらさき》色《いろ》は白色にたいして優性《ゆうせい》であり、両者の色がまざってピンク

優性《ゆうせい》と劣性《れっせい》の関係

	優性《ゆうせい》	劣性《れっせい》
種子の形	丸	しわ
子葉の色	黄色	緑色
種皮の色	有色	無色
さやのくびれ	なし	あり
さやの色	緑色	黄色
花のつきかた	葉の付け根	茎《くき》の頂《いただき》あたり
草丈《くさたけ》	高い	低い

の花をつけるような中間的な植物はあらわれなかった。

ケールロイターは、八重咲《やえざ》きのナデシコと一重咲《ひとえざ》きのナデシコをかけあわせたときに、すでにこのことを観察していた。ゲルトナーの場合も、黄色い種子のトウモロコシが赤い種子のトウモロコシにたいして優性《ゆうせい》だったことを記録している。しかし、ケールロイターとゲルトナーは、事実を関連づけることなく、ただ観察して記録しただけだった。

メンデルは、ほかの6つの形質《けいしつ》のうち「茎《くき》に分散してつく花」が「先端《せんたん》に房状《ふさじょう》につく花」にたいして優性《ゆうせい》であることを見いだした。「表面がなめらかな豆」は「しわのよった豆」にたいして優性《ゆうせい》。「黄色い豆」は「緑色の豆」にたいして優性《ゆうせい》だった。「ふくらんださや」は「くびれのあるさや」にたいして優性《ゆうせい》。「緑色のさや」は「黄色のさや」にたいして優性《ゆうせい》だった。そして最後に、「茎《くき》の長い植物」が「茎《くき》の短い植物」にたいして優性《ゆうせい》であることを見いだした。

ハーバートは、雑種《ざっしゅ》のカブが両親より大きくてかたくなることを観察していた。ヴィヒュラの雑種《ざっしゅ》のヤナギも、両親よりよく生育して大きくなった。メンデルは、多くの場合、背《せ》の高い植物と背《せ》の低い植物の雑種《ざっしゅ》が背《せ》の高い親よりさらに高くなることを観察した(「雑種強勢《ざっしゅきょうせい》」)。

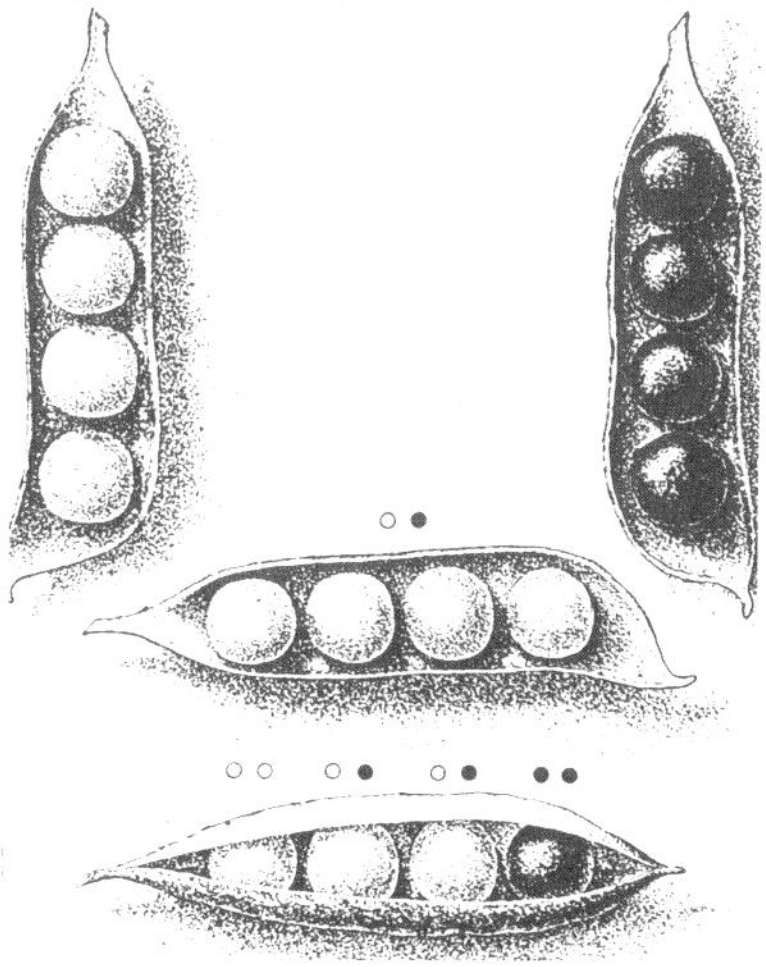

エンドウの、黄色と緑色の豆の色の遺伝《いでん》
E. G. コンクリン『遺伝《いでん》と環境《かんきょう》』(1922)より。

エンドウの、表面がなめらかな豆としわのよった豆の遺伝《いでん》
A. D. ダービシャイアー『育種《いくしゅ》とメンデルの発見』(1911)より。

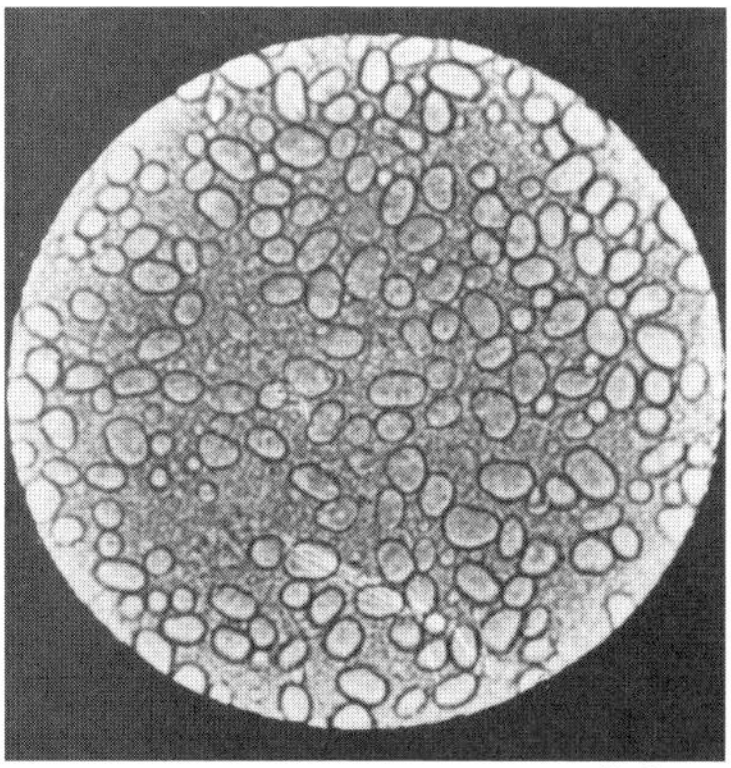

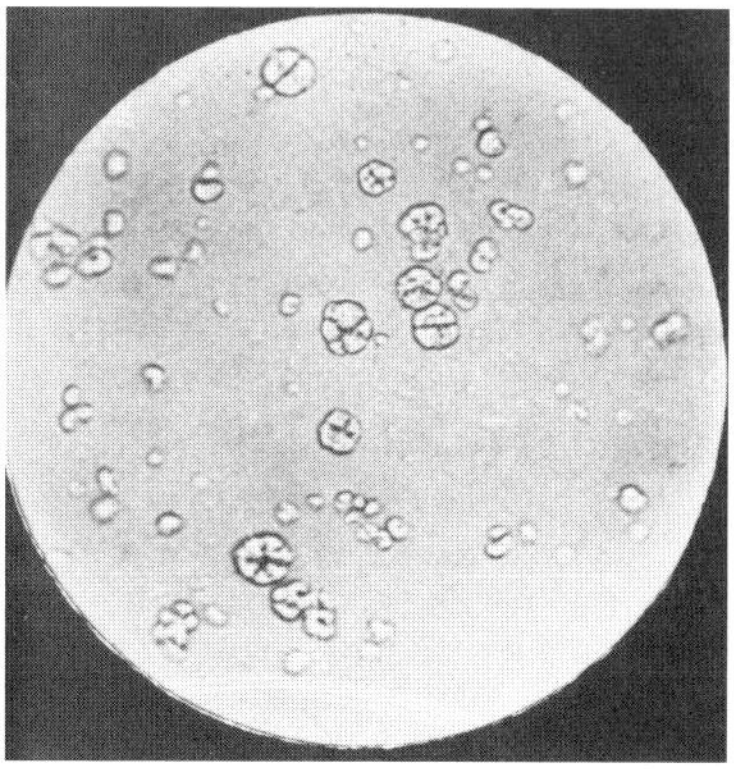

「表面がなめらかな豆のデンプン粒《りゅう》」(左)と**「しわのよった豆のデンプン粒《りゅう》」**(右)
しわのよった豆になるのは、デンプン粒《りゅう》の形が不規則《ふきそく》で、数も少ないためである。
A. D. ダービシャイアー『育種《いくしゅ》とメンデルの発見』(1911)より。

メンデルは、『雑種植物《ざっしゅしょくぶつ》の研究』のなかでこれらの実験について記述《きじゅつ》し、「ケールロイターやゲルトナーが、第1世代の雑種《ざっしゅ》のほとんどすべてが両親の中間型になるといっているのは誤《あやま》りだ」と結論《けつろん》づけた。「移行的《いこうてき》な型（たとえば、紫色《むらさきいろ》の花と白色の花の変種をかけあわせた場合に、雑種《ざっしゅ》が紫《むらさき》と白の中間のさまざまな色あいの花をつけること）は、どの実験においても観察されなかった」と、かれは書いている。ふつうは、一方《いっぽう》の形質《けいしつ》がほかの形質《けいしつ》にたいして優性《ゆうせい》となるので、雑種《ざっしゅ》は両親の一方《いっぽう》だけに似《に》ることになるというのが、メンデルの主張《しゅちょう》だった。

メンデルは、第2世代まで観察をつづけた。表面がなめらかな豆としわのよった豆とのかけあわせから生まれた雑種《ざっしゅ》は、なめらかな豆だけをつける。メンデルは、そのなめらかな豆をつける第1世代雑種《ざっしゅ》（F1）の253本を自家受精《じかじゅせい》させた。その結果、7324粒《つぶ》の豆が実り、そのうち5474粒《つぶ》がなめらかで、1850粒《つぶ》はしわがよっていた。

なめらかな豆はしわのよった豆にたいして優性《ゆうせい》で、F1世代の雑種《ざっしゅ》はすべてなめらかな豆をつけたのだが、F2世代ではふたたびしわのよった豆があらわれたというわけだ。実験での数の比《ひ》は、なめらかな豆が2・96にたいして、しわのよった豆は1となった。

ほかの形質《けいしつ》についても、雑種《ざっしゅ》F1の自家受精《じかじゅせい》は、F2世代で同じような結果となった。雑種《ざっしゅ》F1が黄色い豆の場合、F2世代では、優性《ゆうせい》の黄色の豆3・01にたいして劣性《れっせい》の緑色の豆は1だった。背《せ》の高さでは、背《せ》の高い植物787にたいして背《せ》の低い植物が277で、その比率《ひりつ》は2・84対1だった。紫色《むらさきいろ》の花をつける植物705にたいしては、白い花をつける植物が224で、比率は3・15対1となった。

メンデルは、「雑種《ざっしゅ》の第2世代で、優性《ゆうせい》と劣性《れっせい》の形質《けいしつ》の比率《ひりつ》が一定である」ことを発見した。優性《ゆうせい》の形質《けいしつ》をもつ植物3にたいして、劣性《れっせい》の植物1という関係になるのだ。メンデルの結論《けつろん》は、「形質《けいしつ》は、ある世代からつぎの世代へ、変化することなく伝えられるにちがいない」というものだった。

つぎの段階《だんかい》は、「第2世代の雑種植物《ざっしゅしょくぶつ》を自家受精《じかじゅせい》させるとどうなるか」を見ることだった。

「劣性《れっせい》の形質《けいしつ》をしめした雑種《ざっしゅ》F2」からは、すべて「劣性《れっせい》のP1親と同じ形質《けいしつ》の子F3（第3世代）」が生まれた。子植物はすべて、「豆が緑色、または背《せ》が低い植物、または白い花のまま」だった。しかし、「優性《ゆうせい》の形質《けいしつ》をしめした雑種《ざっしゅ》F2」からは、「優性《ゆうせい》のP1親と同じ形質《けいしつ》の子」が生まれるのは3分の1だけだった。

優性《ゆうせい》の形質《けいしつ》である「黄色い豆の雑種《ざっしゅ》F2」「背《せ》の高い雑種《ざっしゅ》F2」「紫色《むらさきいろ》の花をつける雑種《ざっしゅ》F2」から生まれた子は、3分の1だけが「P1親と同じ形質《けいしつ》の子F3」となった。残りの3分の2の第3世代は、F2世代の雑種《ざっしゅ》と同じように、優性《ゆうせい》をしめす植物と劣性《れっせい》をしめす植物の比率《ひりつ》が3対1になった。

「雑種《ざっしゅ》は親の形態《けいたい》にもどることがよくある」というゲルトナーとケールロイターの発見を、メンデルも確認《かくにん》したというわけだが、その結果についてのメンデルの解釈《かいしゃく》は、革命的《かくめいてき》なものだった。

この結果を説明するためにメンデルは、それぞれの形質《けいしつ》を「単一《たんいつ》で不変の形質《けいしつ》である」と考えた。

「〝A〟を、一定している2種類の形質《けいしつ》の一方《いっぽう》、たとえば優性形質《ゆうせいけいしつ》をあらわす記号とする。〝a〟はもう一方《いっぽう》の劣性形質《れっせいけいしつ》をあらわし、〝Aa〟はその2種類の形質《けいしつ》が合わさった雑種《ざっしゅ》(対立形質《たいりつけいしつ》をもつ雑種《ざっしゅ》)をあらわすとする。そのような1対《つい》の対立形質《たいりつけいしつ》をもつ雑種《ざっしゅ》から生まれる次世代の子の一覧《いちらん》を説明するさいは、A+2(Aa)+aという式でしめすことができる」
「雑種《ざっしゅ》Ａａ」は両親の形質《けいしつ》をともにもつが、外見は優性形質《ゆうせいけいしつ》をもった親だけに似《に》る。

つぎにメンデルは、「雑種《ざっしゅ》は、Ａかａのどちらかの形質《けいしつ》をもつ花粉または卵細胞《らんさいぼう》を、同じ数だけつくりだす」ということを説明しようとした。かれは、「有名な生理学者の意見によると、顕花植物《けんかしょくぶつ》（種子をつくる植物）が繁殖《はんしょく》するときには、1個《こ》の花粉細胞《かふんさいぼう》と1個《こ》の卵細胞《らんさいぼう》が結合して単一《たんいつ》の細胞《さいぼう》となる。そしてその細胞《さいぼう》には同化作用（生物が外界からとりいれた物質《ぶっしつ》を自分に必要な生体物質《せいたいぶっしつ》につくりかえる作用）と新しい細胞《さいぼう》を形づくる能《のう》力《りょく》があって、独立《どくりつ》した生命体になっていく」と書いている。メンデルは、「花粉の粒《つぶ》Ａ」が「卵細胞《らんさいぼう》Ａ」を受精《じゅせい》させるのか「卵細胞《らんさいぼう》ａ」を受精《じゅせい》させるのかはまったくの偶然《ぐうぜん》であると考えて、この点を下のように図解《ずかい》した。

メンデルは、最初の親世代のあとの雑種《ざっしゅ》の3代に見られた事実を説明しただけでなく、「受精《じゅせい》には花粉と卵細胞《らんさいぼう》が等しく寄与《きよ》していること」を数学的に確認《かくにん》した。そして、「形質《けいしつ》は、優劣関係《ゆうれつかんけい》をもつ1対《つい》のものとして生まれる」と考えた。両親はそれぞれ、自分のもつ1対《つい》の「ある形質《けいしつ》を担《にな》う因子《いんし》」のうち1つだけを子に伝える。子のなかでは両親それぞれから受けとった1つずつの因子《いんし》が結合して、新たな1対《つい》の「ある形質《けいしつ》を担《にな》う因子《いんし》」となる。

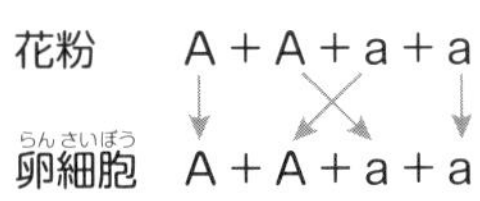

これが、「メンデルの第《だい》1法則《ほうそく》」または「分離《ぶんり》の法則《ほうそく》」といわれる法則《ほうそく》だ。

　この研究の革命的《かくめいてき》なところは、不変の因子《いんし》が対《つい》をなして存在《そんざい》するが、その因子《いんし》はたがいに分離《ぶんり》してつぎの世代に伝わるので、花粉の粒《つぶ》にも卵細胞《らんさいぼう》にも、1対《つい》のうちどちらか一方《いっぽう》の形質《けいしつ》を担《にな》う因子《いんし》しかふくまれないと考えたところにある。両親から因子《いんし》を受けとるさいにどんなやりかたで受精《じゅせい》したにせよ、法則《ほうそく》は変わらない。新たにつぎの世代に伝わるときも、F1世代がもつ形質《けいしつ》を担《にな》う因子《いんし》は、また同じように分離《ぶんり》して、F2世代に新しい組みあわせをあたえる用意ができている。

　受精《じゅせい》のさいにどの形質《けいしつ》の因子《いんし》がどの形質《けいしつ》の因子《いんし》と結びつくかはまったくの偶然《ぐうぜん》なのだが、メンデルはつぎのように書いている。

「これは〝確率《かくりつ》の法則《ほうそく》〟にしたがっている。多くの細胞《さいぼう》を平均《へいきん》すれば、Aとaからのそれ

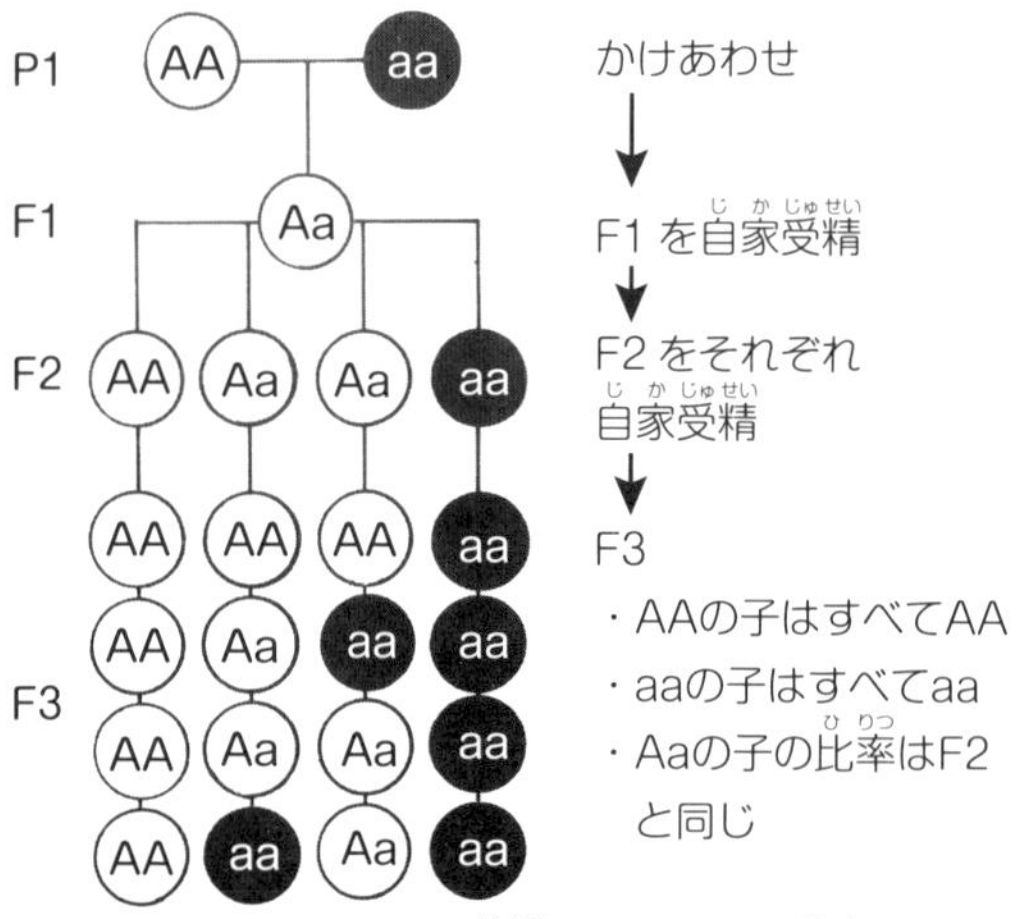

黄色と緑色の豆の色の遺伝《いでん》を、第3世代雑種《ざっしゅ》F3までしめす。最初のかけあわせのあとは、すべて自家受精《じかじゅせい》。

ぞれの花粉がAとaからのそれぞれの卵細胞《らんさいぼう》と合体する現象《げんしょう》はいつも同じ割合《わりあい》で、ふつうに起こっている」

確率《かくりつ》の法則《ほうそく》の働きによって、F2世代であらわれる型はAA＋2（Aa）＋aaとなり（〝AA〟は優性《ゆうせい》のP1親と同じ因子《いんし》を、〝aa〟は劣性《れっせい》のP1親と同じ因子《いんし》を、〝Aa〟は両親それぞれから受けとった1つずつの因子《いんし》をもつ）、見かけ上どういう比率《ひりつ》であらわれるかというと、「優性《ゆうせい》のものが3」にたいして「劣性《れっせい》のものが1」となる。

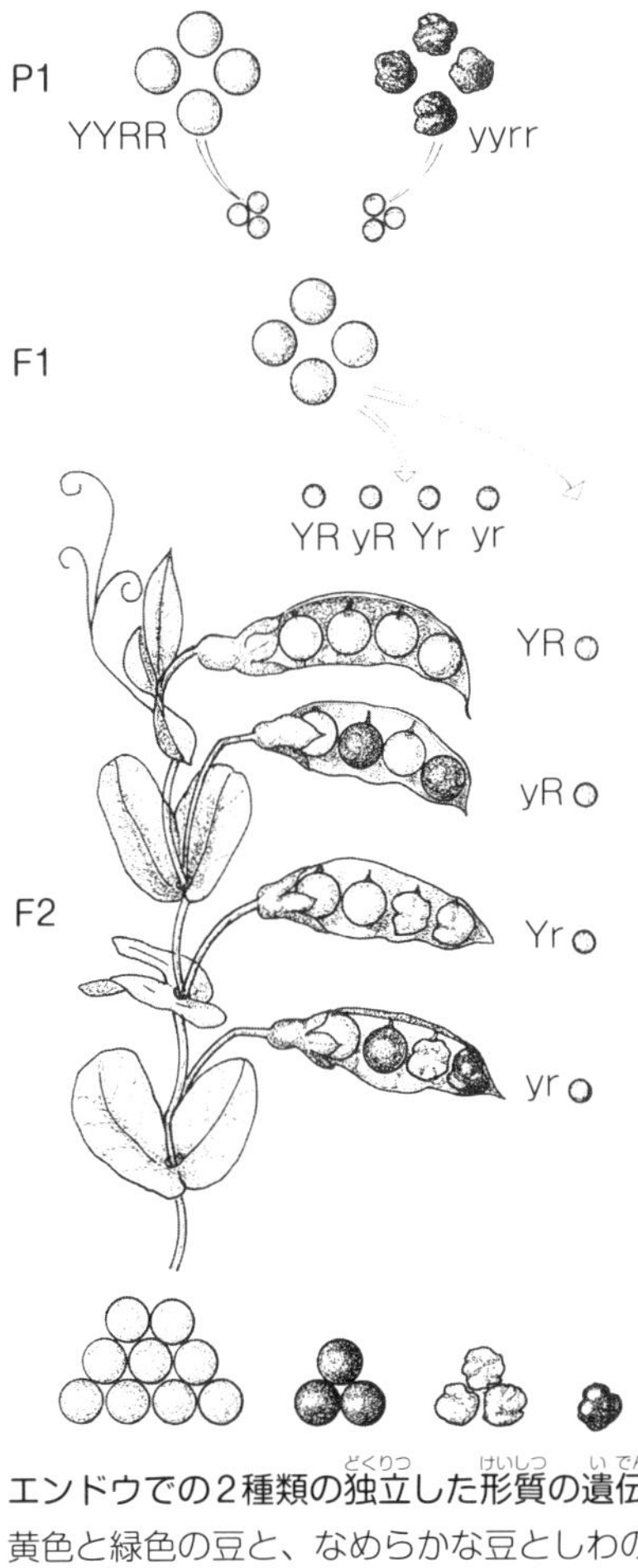

エンドウでの2種類の独立《どくりつ》した形質《けいしつ》の遺伝《いでん》
黄色と緑色の豆と、なめらかな豆としわのよった豆の組みあわせ。

１８６１年、こんどは「2種類以上の形質《けいしつ》が、たがいにことなっている植物」をかけあわせてみた。「なめらかで、黄色の豆をつける植物」と「しわがよって、緑色の豆をつける植物」の場合、できた第1世代は、すべて「なめらか」で「黄色の豆」をつけた。このふたつの形質《けいしつ》が優性《ゆうせい》だからだ。メンデルはこの雑種《ざっしゅ》Ｆ１のうち18株《かぶ》を育てて自家受精《じかじゅせい》させ、なんとか５５６粒《つぶ》の豆を得ることができた。３１５粒《つぶ》は「なめらかで黄色の豆」、１０１粒《つぶ》は「しわがよって黄色の豆」、１０８粒《つぶ》は「なめらかで緑色の豆」、32粒《つぶ》は「しわがよって緑色の豆」だった。この実験でもまた、中間型は見られなかった。

　この結果からメンデルは、「形質《けいしつ》はたがいに独立《どくりつ》して分離《ぶんり》し、組みあわされるもの」と結論《けつろん》

1862年にパリとロンドンをおとずれた団体旅行客のなかのメンデル（中央矢印）。

づけた。この発見は、「メンデルの第2法則《だい ほうそく》」または「独立の法則《どくりつ ほうそく》」として知られている。

1865年にメンデルは、ブルノ自然研究会でこの研究結果について講演《こうえん》した。地方の新聞は、この「興味深い《きょうみぶか》」研究を報《ほう》じた。しかし、刺激《しげき》を受けたはずの研究会の会員・地元の教師《きょうし》・医師《いし》たちがその研究を話題にしたのは、わずかな時間だった。

メンデルは、エンドウのほかに、インゲンやナデシコについても話した。白い花または

独立《どくりつ》の法則《ほうそく》

たとえば、「豆の色」と「豆の形」というように、2種類の形質《けいしつ》がたがいにことなっているエンドウのかけあわせを考えてみよう。「黄色で丸い豆をつけるエンドウ」と「緑色でしわのよった豆をつけるエンドウ」を親（P）としてかけあわせると、子（F1）はすべて「黄色で丸い豆のエンドウ」になる。このF1どうしをかけあわせて得られるつぎの世代（F2）では、

（黄色・丸）：（黄色・しわ）：（緑色・丸）：（緑色・しわ）＝9：3：3：1の比率《ひりつ》であらわれる。

この結果を1種類ごとの形質《けいしつ》（色だけと形だけ）に分けてみると、

黄色：緑＝（9＋3）：（3＋1）＝3：1

丸：しわ＝（9＋3）：（3＋1）＝3：1

となって、1種類の形質《けいしつ》の場合のあらわれかたと同じ比率《ひりつ》になっていることがわかる。つまり、「形の遺伝子《いでんし》」と「色の遺伝子《いでんし》」は、たがいに影響《えいきょう》しあうことなく、独立《どくりつ》して、つぎの世代に伝えられる。これを「独立《どくりつ》の法則《ほうそく》」という。

赤い花のオランダナデシコが親植物と同じ形質《けいしつ》の子を生《しょう》じることを発見していた。また、ベニバナインゲンやインゲンをツルナシインゲンとかけあわせてもいたのだ。

　メンデルは、インゲンの場合も「背《せ》の高さ」「さやの色」「さやの形」がエンドウとまったく同様の法則《ほうそく》で受けつがれる形質《けいしつ》であることをしめした。しかし、「花の色」についてはやっかいなことになった。メンデルは困惑《こんわく》した。赤い花の植物と白い花の植物をかけあわせると、赤い花の親よりもあわい赤色の花をつける子を生《しょう》じたからだ。

　さらにこのF1世代を自家受精《じかじゅせい》させると、F2世代では、赤から白までのさまざまな色あいの花をつけた。純白《じゅんぱく》の花はまれだった。そこでメンデルは、インゲンの花の色は、ふたつ以上の因子《いんし》に

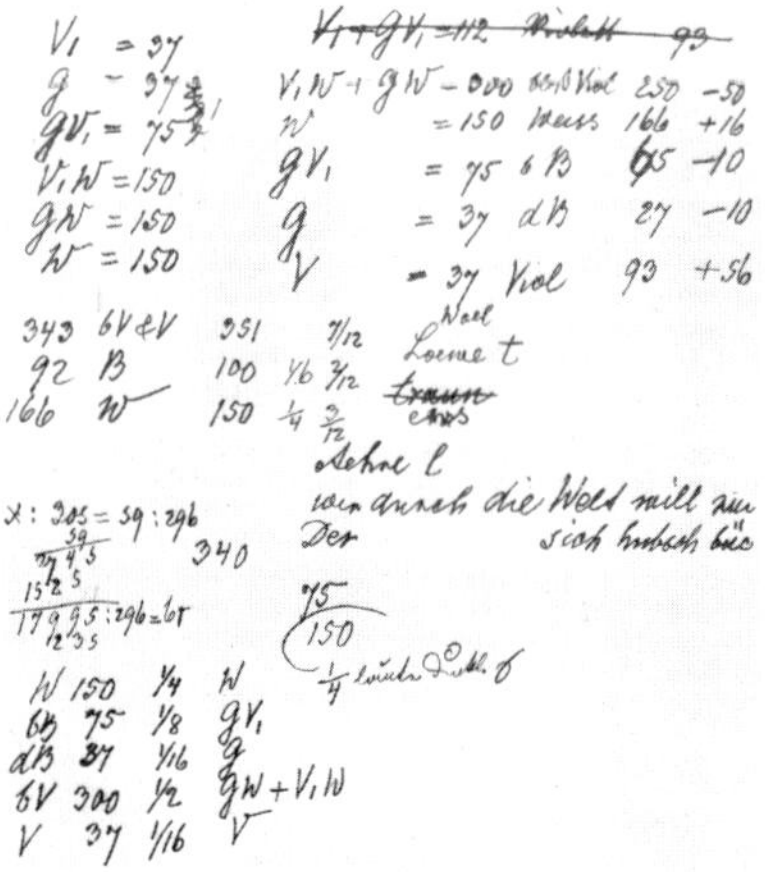

メンデルのノートの一部。ことなる種類のインゲンのかけあわせについて記されている。

オランダナデシコ
J. バクスター『イギリスの顕花植物《けんかしょくぶつ》』（1835～1843）より。

よって支配《しはい》されているにちがいないと考えた。

メンデルは、雑種《ざっしゅ》の植物はすべてエンドウと同じ規則《きそく》にしたがうはずだと推定《すいてい》したので、ゲルトナーのいう「中間型の雑種《ざっしゅ》」の記録についてはこう考えた。可能性《かのうせい》としてあるのは、「同じ親においてすべてが優性《ゆうせい》ではないような形質《けいしつ》を、同時に数多く研究したため」「最初に純系《じゅんけい》をつくっておかなかったため」あるいは「インゲンの花の色の場合のようにいくつかの形質《けいしつ》がたがいに作用しあっている結果を見ているため」のいずれかではないかと。

雑種《ざっしゅ》F1をかけあわせた結果のF2世代について解釈《かいしゃく》の混乱《こんらん》が起きるのは、「F2世代で見かけ上の外観は同じように優性《ゆうせい》をしめすものがあっても、それらを自家受精《じかじゅせい》させてみるとすべて同じ結果のF3世代になるわけではない」ためだ。見かけ上は同じように優性《ゆうせい》形質《けいしつ》をしめす植物であっても、内部構造《ないぶこうぞう》としてはちがうタイプの植物があるのだ。

植物の外観（いまは「表現型《ひょうげんがた》」とよばれている）と内部の組成《そせい》（いまは「遺伝子型《いでんしがた》」とよばれている）とを区別したのは、メンデルが最初だった。F2世代で、「優性《ゆうせい》の紫色《むらさきいろ》の花をつけるエンドウ」と「劣性《れっせい》の白色の花をつけるエンドウ」は、3対1の比《ひ》で生《しょう》じる。この3の比率《ひりつ》であらわれるほうの「植物の外観（表現型《ひょうげんがた》）」は、すべて同じだった。しかし、「内部の組成《そせい》（遺伝子型《いでんしがた》）」は同じではなかった。紫色《むらさきいろ》の花をつけるエンドウのうち3分の1は2個《こ》の同じ因子《いんし》「ＰＰ」をもっているが、あとの3分の2のエンドウは、2個《こ》のことなる因子《いんし》「Ｐｐ」をもっていた。

　メンデルは、意味のある結果を出すためには多数の実験材料が必要なことを理解《りかい》していた。研究対象の形質《けいしつ》の数がふえるにつれて、必要な植物の数もふえていった。メンデルは、ゲルトナーはかけあわせ実験にじゅうぶんな数の植物を使っていなかったのだと批判《ひはん》した。

　メンデルは、ゲルトナーとケールロイターの実験はどちらも種《しゅ》が不変であることを証明《しょうめい》してはいないと考えた。また、自分の実験で種《しゅ》が不変でないことを証明《しょうめい》できたとも考えなかった。けれども、「もし

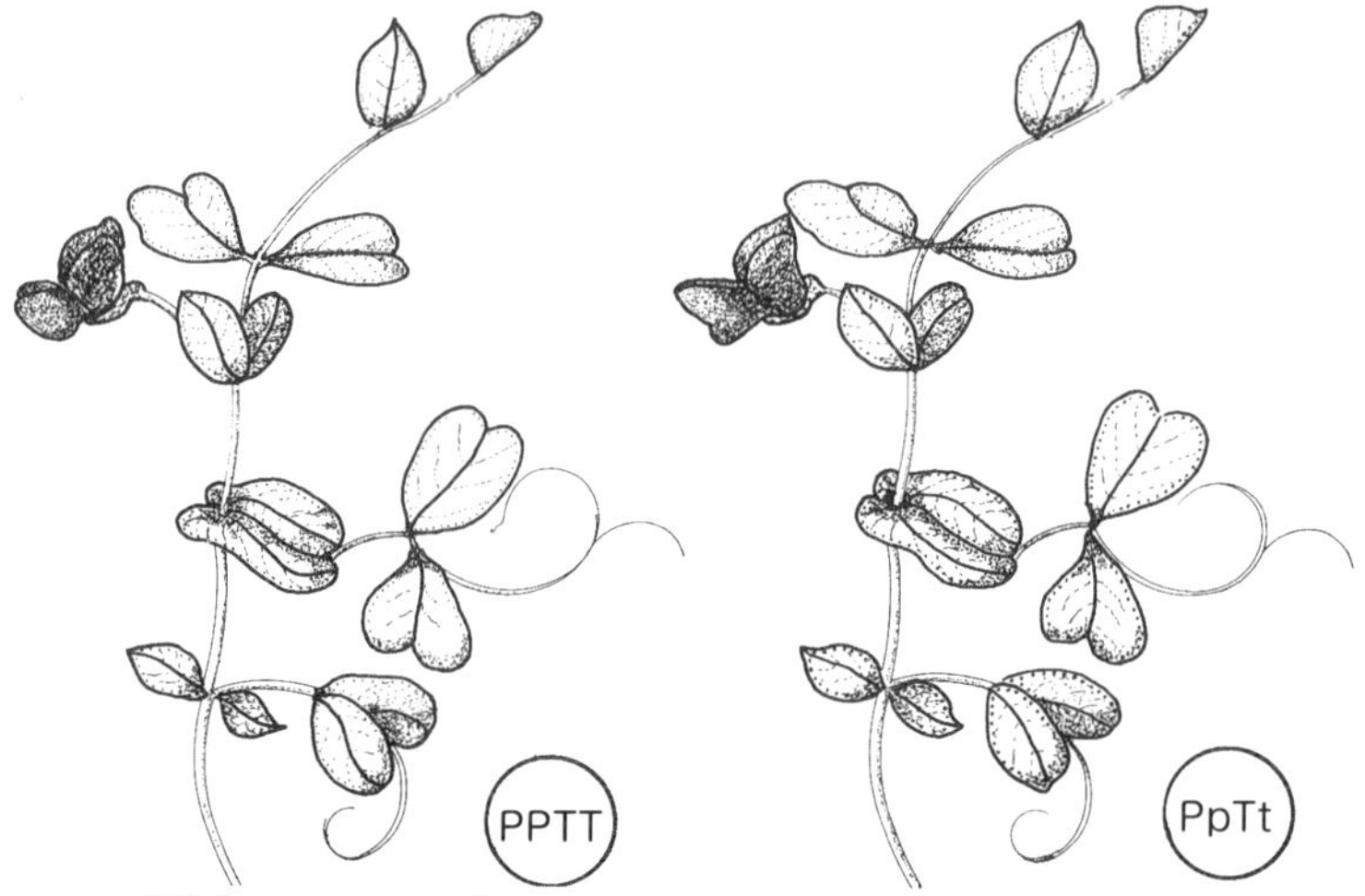

ともに「紫色《むらさきいろ》の花をつけ、背《せ》が高く、同じ外観（表現型《ひょうげんがた》）」をもつが「内部の組成《そせい》（遺伝子型《いでんしがた》）」がことなるエンドウ。

生活の条件《じょうけん》が変わって、種《しゅ》が自らを新しい環境《かんきょう》に合わせる能力《のうりょく》をもっていれば、型の変化は起こるにちがいない」と考え、ハーバートと同じように、「種《しゅ》や変種はたがいにかけあわせて改良することができる」と考えた。

メンデルは、つぎのように書いている。

「これまでに判明《はんめい》したところでは、種《しゅ》と変種の雑種《ざっしゅ》のあいだにはっきりと線をひくことは、種《しゅ》と変種それ自体のあいだに線をひけないのと同様に、不可能《ふかのう》なことである」

1866年、ブルノ自然研究会によせたメンデルの論文《ろんぶん》が出版《しゅっぱん》された。メンデルは、『雑種《ざっしゅ》植物《しょくぶつ》の研究』の別刷《べつず》りを40部受けとり、何部かを人に送った。そのうち1部は、カール・ヴィルヘルム・フォン・ネーゲリ（1817〜1891年）のもとに送られたことがわかっている。

カール・ヴィルヘルム・フォン・ネーゲリ

ネーゲリは、イェーナでシュライデンとともに研究をおこなった。そして、「細胞《さいぼう》は、もとの細胞《さいぼう》が半分に分割《ぶんかつ》することによって形づくられるので、シュライデンやほかの人たちが信じていたように出芽《しゅつが》によって細胞《さいぼう》ができるのではない」ことをしめした。1865年にネーゲリは、ケールロイターとゲルトナーの研究についてまとめた論文《ろんぶん》を発表した。ネーゲリの考えは「変種どうしのほうがたがいによく似《に》ていて、より繁殖力《はんしょくりょく》が強い傾向《けいこう》にあるという点をべつにすれば、種《しゅ》と変種のあいだに大きな差はない」というもので、ほかの人たちよりはむしろメンデルと同意見だった。しかし、「まだよくわかっていない方法で親の形質《けいしつ》がまざりあう結果として、F1世代で新しい雑種《ざっしゅ》の形質《けいしつ》が生まれる」と考える点では、ネーゲリはケールロイターやゲルトナーと同じだった。

さらにネーゲリは、「のちの世代のすべての個体《こたい》も、変異《へんい》しうるものでなければならない」と信じていた。「F2世代の半分が、親と同じ遺伝子型《いでんしがた》の子を生《しょう》じる可能性《かのうせい》がある

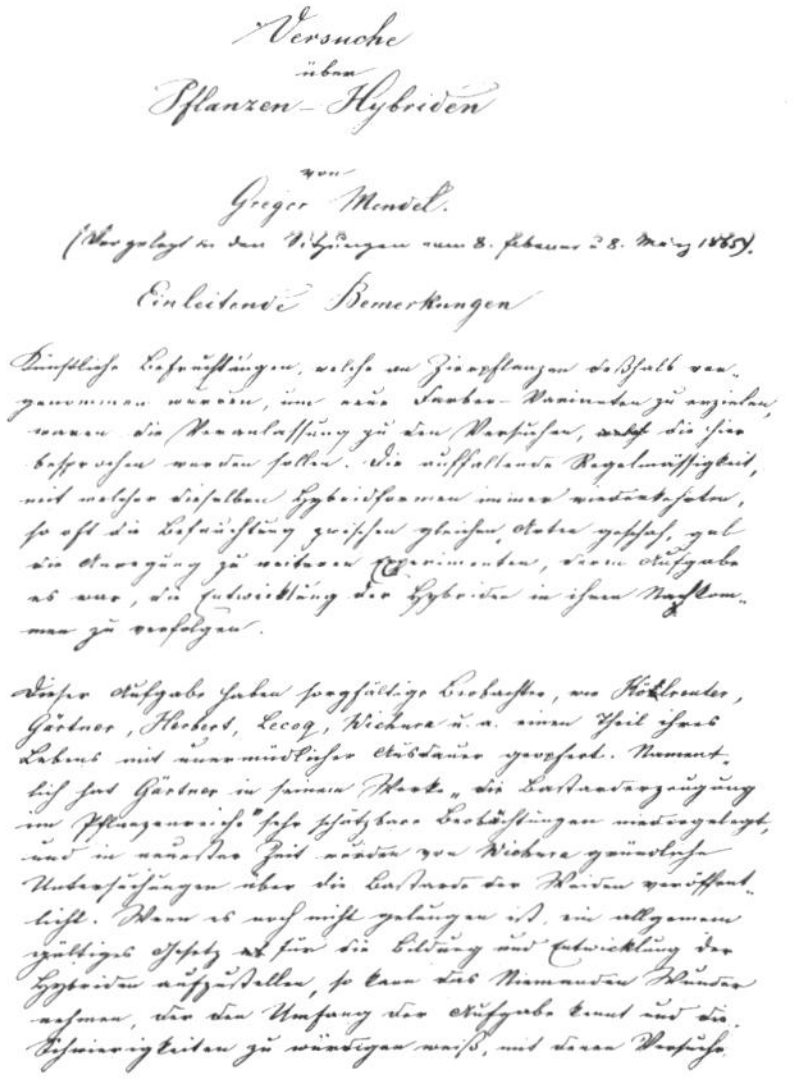
Versuche
über
Pflanzen-Hybriden
von
Gregor Mendel.
Einleitende Bemerkungen

G. メンデル『雑種植物《ざっしゅしょくぶつ》の研究』（1865）の手書き原稿《げんこう》の第1ページ。

（優性形質《ゆうせいけいしつ》AAまたは劣性形質《れっせいけいしつ》aaのどちらかになる）」という考えは、かれには思いうかばなかった。メンデルの論文《ろんぶん》を受けとったとき、ネーゲリは、植物の雑種《ざっしゅ》における形質《けいしつ》の遺伝《いでん》について、メンデルが答えを見いだしたとは夢にも思わなかった。

ネーゲリは、F1とF2のどちらの世代でも、すべての雑種植物《ざっしゅしょくぶつ》はその内部にAとaの因子《いんし》を両方もっていて、遅《おそ》かれ早《はや》かれ、この雑種《ざっしゅ》の状態《じょうたい》があらわれてくるはずだと信じていた。ネーゲリはヤナギタンポポ属《ぞく》を使って研究し、その雑種《ざっしゅ》は、親と同じ遺伝子型《いでんしがた》の子を生《しょう》じていた。無理もないことだが、メンデルの論文《ろんぶん》にたいするかれの返事は、「ヤナ

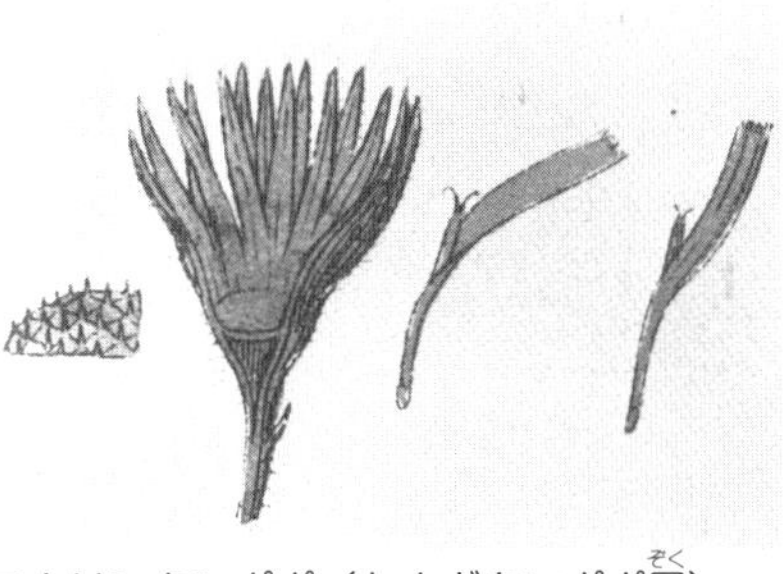
コウリンタンポポ（ヤナギタンポポ属《ぞく》）の小花
J. E. サワビー『イギリス産植物誌《さんしょくぶつし》』（1873）より。

コウリンタンポポ
J. ヒル『植物の体系《たいけい》』（1777）より。

ギタンポポについて、なにか研究してみてはどうか」というものだった。

ヤナギタンポポは、花の生殖《せいしょく》にかかわる部分の配置の関係で、かけあわせがひじょうにむずかしい。それぞれの小花はおしべが融合《ゆうごう》してできた細い管をもっていて、そのなかを花柱《かちゅう》が通っている。花柱《かちゅう》を傷《きず》つけずにおしべをとりのぞくには、せんさいな切開《せっかい》のわざと、すばらしくいい目が必要だ。

メンデルは、人工照明の明かりにレンズと鏡を組みあわせて照明の状態《じょうたい》をよくしようとしたが、この操作《そうさ》のためにひどく目をいためてしまった。

１８６６年から１８７１年まで５年にわたってヤナギタンポポで研究をおこなってみたものの、エンドウと同じ結果を得ることはできなかった。かけあわせのほとんどは失敗に終わったが、稔性《ねんせい》の雑種《ざっしゅ》（種子が実る雑種《ざっしゅ》）をつくりだすのに成功したとき、おどろいたことにその雑種《ざっしゅ》からは内部の組成《そせい》（遺伝子型《いでんしがた》）が親と同じ子が生《しょう》じた。１８６９年にメンデルは、ブルノ自然研究会でヤナギタンポポの論文《ろんぶん》を発表している。

研究の結果をうまく説明することはできなかったが、かれが依然《いぜん》として、エンドウこそが通常《つうじょう》の遺伝《いでん》のしかたをしめす例であって、ヤナギタンポポはヴィヒュラのヤナギのように「その雑種《ざっしゅ》が特殊《とくしゅ》な反応《はんのう》」をしめすものと考えていたことは明らかだ。

　この点では、メンデルは正しかった。ヤナギタンポポは、単為生殖《たんいせいしょく》（通常《つうじょう》は有性生殖《ゆうせいせいしょく》する生物が、オスとメスとが関係することなく単独《たんどく》で子をつくること）によって生殖《せいしょく》する植物の1例だ。つまり、花粉は卵細胞《らんさいぼう》の発育をうながす刺激《しげき》となるだけで、卵細胞《らんさいぼう》と融合《ゆうごう》することはない。このため、そもそもかけあわせをおこなうことはむずかしく、通常《つうじょう》の生殖《せいしょく》プロセスによる受精《じゅせい》がおこなわれないので、雑種《ざっしゅ》は当然、親と同じものになる。

　メンデルがヤナギタンポポの結果について説明できなかったのも無理はない。また、ネーゲリのほうが「Ｆ２雑種世代《ざっしゅせだい》が、分離《ぶんり》して、Ｐ１世代のような純系《じゅんけい》の型とＦ１のような雑種《ざっしゅ》の型になる」というメンデルの考えをまちがっていると思ったのも、おどろくようなことではなかった。

　メンデルの書きこみのある1篇《ぺん》の論文《ろんぶん》からは、１８７０年代後半になっても、メンデルがヤナギタンポポとヤナギとエンドウに共通する遺伝《いでん》の法則《ほうそく》を見いだそうと研究をつづけていたことがうかがえる。

　しかし、生物学の理論《りろん》へのメンデルの貢献《こうけん》は、１８６６年の論文《ろんぶん》の発表をもって終わりをつげていたといえよう。

7 修道院長《しゅうどういんちょう》としてのメンデル

1868年、ブルノの地方新聞が新しい修道院長《しゅうどういんちょう》の選出を報《ほう》じた。ナップ修道院長《しゅうどういんちょう》が死去し、12人の修道士《しゅうどうし》がその後継者《こうけいしゃ》としてメンデルを選んだのだ。「住民は、この選出をこぞって歓迎《かんげい》した」と、地方新聞は報《ほう》じている。

ネーゲリにあてた手紙で、メンデルは「修道院長《しゅうどういんちょう》になれば、もっと時間ができ、もっと重要なことができ、もっと場所を使えるだろう」と希望を述《の》べている。

かれは高等実業学校の教員をやめた。しかし、裕福《ゆうふく》で影響力《えいきょうりょく》の大きい修道院《しゅうどういん》の院長として、メンデルは、地方政治《ちほうせいじ》の場で活やくすることを期待された。1872年には、修道《しゅうどう》院長《いんちょう》としての「勲功《くんこう》のある、かつ愛国的活動」にたいして、フランツ・ヨーゼフ勲章《くんしょう》をさずけられた。

政治《せいじ》では、メンデルはドイツ自由党《じゆうとう》を支持《しじ》していた。そこで、自由党《じゆうとう》がモラヴィア抵《てい》当銀行《とうぎんこう》の頭取《とうどり》を推薦《すいせん》するよう求められたとき、党《とう》はメンデルを任名《にんめい》した。頭取《とうどり》ともなれば、職務《しょくむ》として毎日のように銀行に顔をださなければならない。メンデルは、教育や道路、農業に関する委員会の委員にも選ばれた。修道院《しゅうどういん》の財産《ざいさん》を管理したり、農場を視察《しさつ》したりもしなければならなかった。メンデルは修道院《しゅうどういん》の庭をすべて自分の実験に使える立場になったが、そのためにさける時間はへってしまった。

それでも1871年までは、メンデルはヤナギタンポポの実験をつづけていた。実験は困難《こんなん》で、結果は思わしくなかった。けっきょく、時間をうばう仕事がますますふえて、め

修道院長《しゅうどういんちょう》メンデル

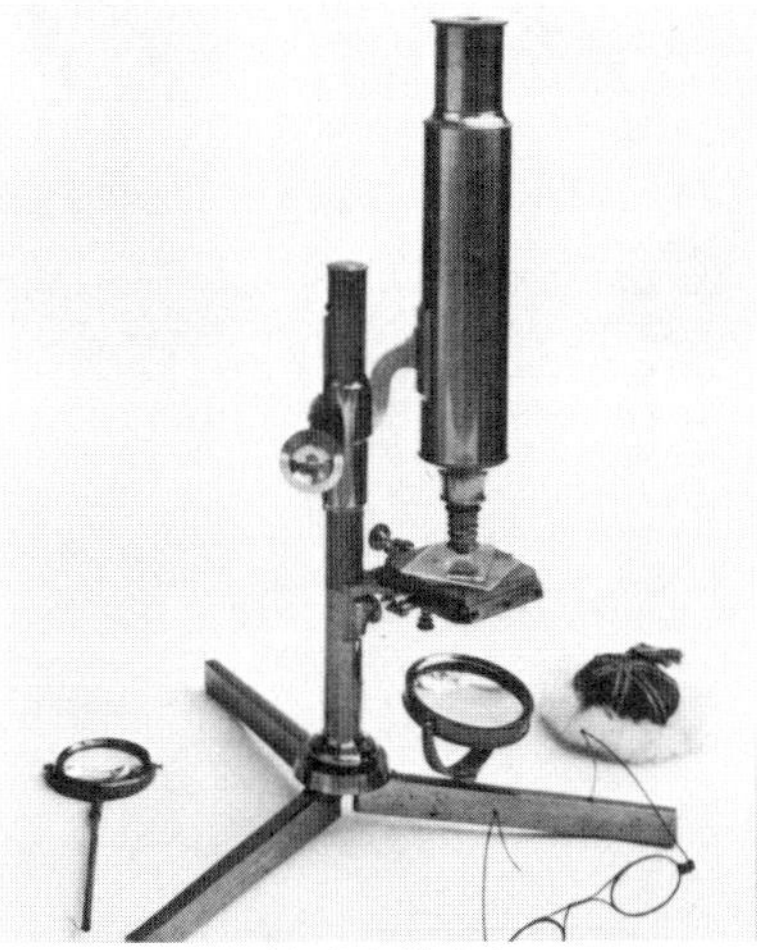

メンデルの顕微鏡《けんびきょう》、拡大鏡《かくだいきょう》およびめがね

んどうな研究はあきらめざるを得なかった。

　メンデルはその後、実験の計画をたてることはほとんどなくなったが、オシロイバナを使った受精《じゅせい》の実験で、自分の気持ちを満たしていた。オシロイバナの受精《じゅせい》には、花粉1粒《つぶ》でじゅうぶんだった。しかしかれは、柱頭《ちゅうとう》に花粉をたくさんつけると受精《じゅせい》がうまくいく場合が多いことに気づいた。メンデルはこれを、花粉粒《かふんりゅう》のあいだに競争があって、もっともいきおいのある花粉だけが成功するからだと考えた。

　メンデルの科学研究は、余暇《よか》を利用しての活動となった。かれは、ミツバチのコロニー（群《む》れ）を育て、ことなる変種のミツバチのあいだでかけあわせをおこなえるように、繁殖用《はんしょくよう》の巣箱を設計《せっけい》した。イタリア、ケルンテン、キプロス、さらには南アメリカからもミツバチをとりよせ、そ

オシロイバナ

ルードン夫人『淑女《しゅくじょ》の花園』（1840）より。

れらは木箱に入れられてモラヴィアに到着《とうちゃく》した。メンデルは、養蜂《ようほう》と育種《いくしゅ》について、ブルノ自然研究会で講演《こうえん》をおこなった。

残念なことに、ミツバチに関するメンデルの研究ノートは残されていない。

メンデルは、巣箱から女王をとりさってほかの変種の女王をただちに巣箱に入れてやっても、ハチたちはもとの女王の子から新しい女王を育てはじめることを観察した。メンデルは、「巣のつくり、飛びかた、ハチの色、刺《さ》しやすさ」についても遺伝《いでん》の研究をおこなった。その結果は残されていない。メンデルは1854年に、「雑種《ざっしゅ》の女王から生まれたオスのハチが、女王の両親のどちらか一方《いっぽう》に似《に》ていて、その中間型にはならない」ということを観察していた。ミツバチの研究の目的のひとつは、それをたしかめることだったと考えられている。

修道院《しゅうどういん》の庭にあるミツバチ小屋

メンデルは、果樹《かじゅ》や花の接《つ》ぎ木《き》をしたり、雑種《ざっしゅ》をつくったりした。かけあわせによって、1年のいろいろな時期に熟《じゅく》す洋ナシの系統《けいとう》をつくりだした。地元の農芸展示会《のうげいてんじかい》に育種実験《いくしゅじっけん》の成果を出品し、賞も獲得《かくとく》した。園芸植物のフクシア（アカバナ科の低木。おもに南米原産《なんべいげんさん》。花が美しいので、鉢植《はちう》えなどにしてよく栽培《さいばい》される）には、かれにちなんで「プレラット（高位聖職者《こういせいしょくしゃ》）メンデル」という名前がつけられた。その品種は、「ひじょうに大型」「空色からスミレ色へのぼかし」「よく育つ」「花の形がととのっている」「がく片《へん》はうすい」「早咲《はやざ》き」という特徴《とくちょう》をもつ、きわめて美しいものだった。フクシアはメンデルのお気に入りの花で、紋章《もんしょう》にもとりいれている。

メンデルは毎日、気圧《きあつ》、気温、日照時間を記録した。そして、そのデータを月ごとに集計してグラフにまとめた。太陽黒点《たいようこくてん》（太陽の表面に黒い点のように見える部分）の研究もおこなった。ブルノ自然研究会に寄稿《きこう》したべつの論文《ろんぶん》で、かれは、太陽黒点《たいようこくてん》の活動と北《ほっ》極光《きょくこう》（オーロラ）のあいだには関係があり、太陽黒点《たいようこくてん》が11年周期で増減《ぞうげん》することと気候

フクシアを配したメンデルの紋章《もんしょう》

のあいだにも関係があるという結論《けつろん》をみちびいている。ほかにも同じ考えをいだいた学者はいるが、太陽黒点《たいようこくてん》そのものが気候を変えるようなことはないとして、この考えはつねにしりぞけられてきた。しかし、地球の磁場《じば》によって気候が支配《しはい》されているという新しい理《り》論《ろん》が、太陽黒点《たいようこくてん》を議論《ぎろん》の場にひきもどした。

現在《げんざい》、太陽黒点《たいようこくてん》の周期と北半球の気候とのあいだに関連があることは確認《かくにん》されている。太陽からくる電気を帯びた粒子《りゅうし》と、地球の磁場《じば》からの粒子《りゅうし》とが作用しあっていると考えられるのだ。これが地球の大気《たいき》の循環《じゅんかん》に影響《えいきょう》し、ひいては気候に影響《えいきょう》しているようである。

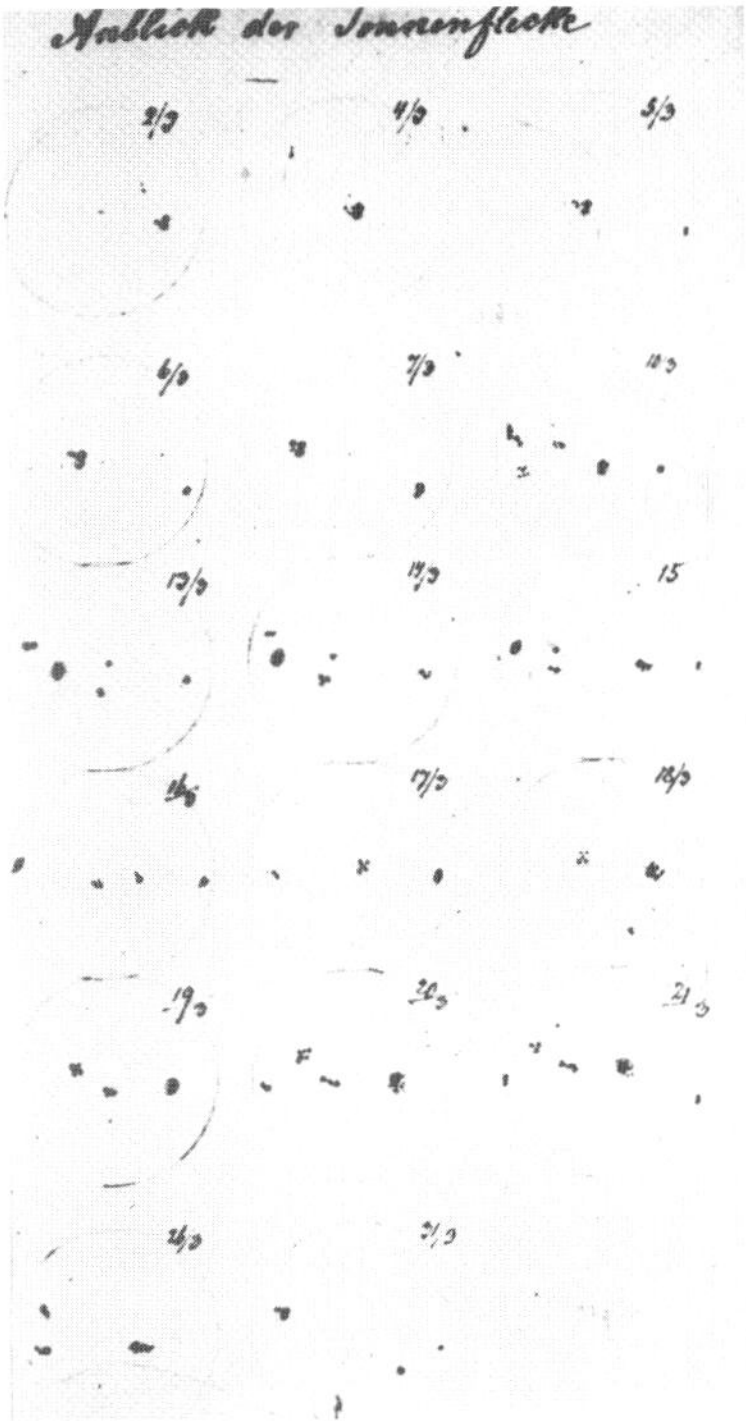

太陽黒点《たいようこくてん》の記録
メンデルの気象観測《きしょうかんそく》の手帳より。

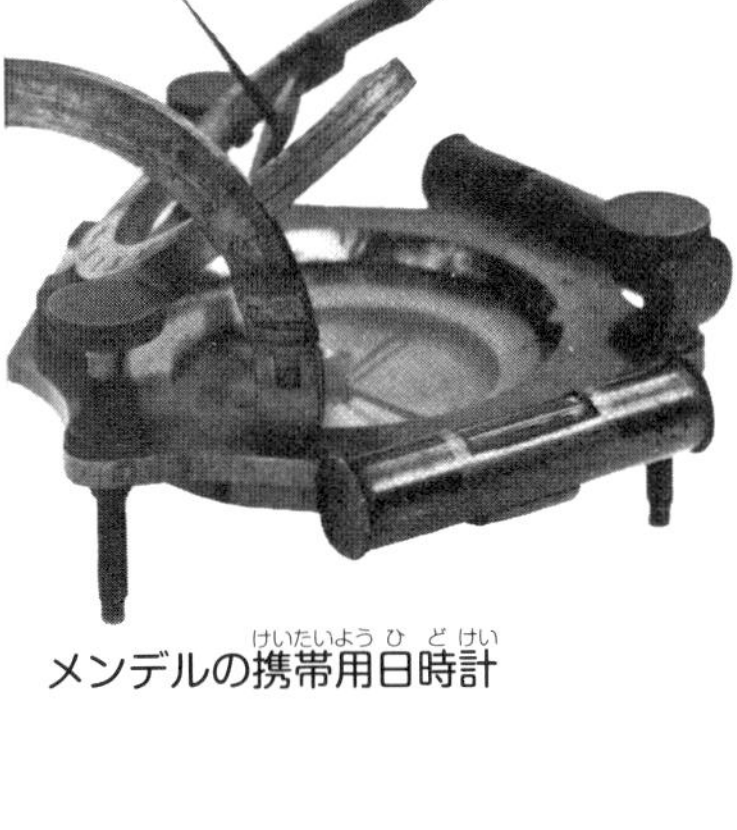
メンデルの携帯用《けいたいよう》日《ひ》時計《どけい》

メンデルの健康は、おとろえていった。政治的《せいじてき》な争いにもまきこまれた。政府《せいふ》は、教区司祭への補助金《ほじょきん》をふやすにあたり、教会の財産《ざいさん》に重税《じゅうぜい》をかけて予算を確保《かくほ》しようとしたのだ。ブルノの修道院《しゅうどういん》は、税金《ぜいきん》の支払《しはら》いを拒否《きょひ》した。メンデルは、ローマ教会の内部のことに政府《せいふ》が干渉《かんしょう》しようとしていると考えた。かれは、税《ぜい》をめぐっての10年におよぶ法廷闘争《ほうていとうそう》に、つかれきってしまった。

修道院長《しゅうどういんちょう》を務《つと》めているあいだには、時間をさいて妹テレジアの息子《むすこ》たちのめんどうもみた。テレジアはかつて、兄の教育にあてるために自分の結婚資金《けっこんしきん》をさしだしてくれたのだ。メンデルは甥《おい》たちをブルノの学校に通わせ、その後さらにウィーン大学で医学を学ばせた。

メンデルは、1884年1月6日、ブライト病（腎機能《じんきのう》の慢性的《まんせいてき》な低下）のため亡《な》くなることになる。

地方新聞は、つぎのように報《ほう》じている。

「かれの死によって、貧しき者たちは力になってくれる人を失い、あまねく人類はもっとも高潔《こうけつ》な人がらの持ち主を失うことになる。かれは心温かな友であり、自然科学の推進者《すいしんしゃ》であり、また模範的《もはんてき》な聖職者《せいしょくしゃ》であった」

8 メンデルよりあとの時代の植物《しょくぶつ》交雑《こうざつ》と細胞説《さいぼうせつ》

メンデルには、直接《ちょくせつ》その研究をひきつぐ人はいなかった。

1866年、ブルノ自然研究会は、メンデルの論文《ろんぶん》の載《の》った会報《かいほう》を、ウィーンに6部、ベルリンに8部、アメリカに4部、イギリスに2部送った。メンデルの手元にあった別刷《べつずり》も、何部かは送付先《そうふさき》がわかっている。かれは、オランダに1部、オーストリアの植物学者アントン・ヨーゼフ・ケルナー（1831〜1898年）に1部、ドイツに2部送っていた。

そのうちの1部が、ミュンヘンにいるネーゲリ宛《あて》のものだ。しかし、1866年には、メンデルの論文《ろんぶん》はほとんど注目されなかった。

たとえば、ネーゲリはメンデルの実験を広く紹介《しょうかい》する気にならなかった。この実験がネーゲリ自身の実験の結果を説明するものではなかったからだ。雑種植物《ざっしゅしょくぶつ》についての本の著者《ちょしゃ》たちが関心をもったのは、主としてヤナギタンポポの論文《ろんぶん》だった。そしてそれにメンデルの結果が広く応用《おうよう》できるとは、だれも考えなかった。

しかし、メンデルが雑種植物《ざっしゅしょくぶつ》の研究に用いた数学的な方法は、活気ある新しい理論《りろん》をもたらすものとなった。遺伝《いでん》の因子《いんし》は対《つい》になって存在《そんざい》している。そして、その1対《つい》のなかの因子《いんし》ふたつが生殖細胞《せいしょくさいぼう》のなかに入っていくときには、相手と分離《ぶんり》して、それぞれ単独《たんどく》で入っていく。この現象《げんしょう》は、「分離《ぶんり》」として知られている。その後、有性生殖《ゆうせいせいしょく》でオスとメスの生殖細胞《せいしょくさいぼう》が融合《ゆうごう》すると、それぞれの因子《いんし》はふたたび新しい相手と対《つい》になる。

1866年当時には、形質《けいしつ》を担《にな》う因子《いんし》が生物体のなかに対《つい》をなして存在《そんざい》すると仮定《かてい》するような物理的基礎《ぶつりてききそ》などなかったし、形質《けいしつ》の分離《ぶんり》を説明する根拠《こんきょ》もなかった。

また、メンデルが自分の理論《りろん》をチャールズ・ダーウィン（1809～1882年）の自然選択《しぜんせんたく》による進化論《しんかろん》と結びつけることもなかった。しかし、メンデルは**ダーウィンの進化論《しんかろん》**を読んでいて、「連続的な進化のプロセス」というものがあるかもしれないことや、自分の研究が種《しゅ》の起源《きげん》の問題になんらかのかかわりがあるかもしれないということを考えた。かれは、自分の実験について、『雑種植物《ざっしゅしょくぶつ》の研究』の序言《じょげん》につぎのように書いている。

「このように広い範囲《はんい》にわたる研究にとりかかることには、たしかにかなりの勇気を必要とする。しかし、わたしの実験は、生物の進化の歴史にとって重大な意味をもつ問題を最終的に解決《かいけつ》するための、唯一《ゆいいつ》の正しい方法であるように思われる」

これをべつにすれば、メンデルが進化についての議論《ぎろん》に立ちいることはなかった。

一方《いっぽう》、ダーウィンのほうはどうかというと、かれがメンデルの論文《ろんぶん》を読んだという証拠《しょうこ》

ダーウィンの進化論《しんかろん》

メンデルと同時代に生きた自然科学者に、チャールズ・ダーウィンがいる。メンデルが1822年生まれでダーウィンは1809年生まれだから、ダーウィンのほうが13歳《さい》年上ということになる。メンデルがまだ村の小学校に通っていた1831年、ダーウィンはビーグル号という帆船《はんせん》に乗って、地球を1周する航海に出る。そして、自然選択《しぜんせんたく》による進化論《しんかろん》を生みだすきっかけをつかむのだ。

「自然選択説《しぜんせんたくせつ》」とは、「環境《かんきょう》に適応《てきおう》した個体《こたい》が生きのこり、適応《てきおう》しない個体《こたい》は消滅《しょうめつ》していく。その結果、より環境《かんきょう》に適応《てきおう》した個体《こたい》が生きのびる。そのくりかえしによって、生物が進化する」という説。どの生物にもあるちょっとした変異《へんい》が、親から子へと伝えられ、進化の原動力となっていくことをしめしたものだ。

ダーウィンが『種《しゅ》の起源《きげん》』を発表してこの説を提唱《ていしょう》したのは1859年。修道院《しゅうどういん》の庭で、メンデルがエンドウの交配実験に本格的《ほんかくてき》にとりくんでいたころのことだった。

はない。ただ、もし読んでいたなら、ダーウィンはメンデルの研究の重要性《じゅうようせい》をみとめただろうといわれている。メンデルの理論《りろん》は、自《し》然選択《ぜんせんたく》がくりひろげられるであろう変異性《へんいせい》の基礎《きそ》として、ダーウィンがさがしもとめていたものだからだ。

ダーウィンは、劣性形質《れっせいけいしつ》の遺伝《いでん》については知っていた。かれは、灰色《はいいろ》のマウスと白いマウスをかけあわせる実験をおこなっていたのだ。生まれる子は、「灰色《はいいろ》と白のまだら模様《もよう》」でもなく、「あわい灰《はい》色《いろ》」でもなく、一方《いっぽう》の親と同じ「濃《こ》い灰色《はいいろ》」だった。そしてつぎの世代では、子は「灰色《はいいろ》か白のどちらか」になった。ダーウィンはまた、有毛の植物と無毛の植物をかけあわせた。子はすべて有毛の植物になったが、後の世代になると、また無毛の植物があらわれた。

しかしダーウィンは、こうしたかけあわせが進化論《しんかろん》に関連するなにかを教えてくれるとは考えなかった。「変種」（たとえば白いマウス）というものは「自然選択《しぜんせんたく》」によってすでに排除《はいじょ》されているのであって、それらがふたたびあらわれるのは人為的《じんいてき》にかけあわせをした場合だけだと考えた。また、有毛の植物は無毛の植物とはべつの種《しゅ》だとみなされること

ダーウィンは、マウスを使ってかけあわせの実験をしていた。

も多く、ダーウィンによれば、種《しゅ》間のかけあわせは自然には起こらない種類のかけあわせだった。もし起こったとしても、そこから新しい種《しゅ》が生まれることはないと考えていた。

最終的にダーウィンは、**融合遺伝**《ゆうごういでん》というものを信じた。また、植物の受精《じゅせい》のさいには2個《こ》以上の花粉粒《かふんりゅう》が花柱《かちゅう》の下方にのびていって卵細胞《らんさいぼう》を受精《じゅせい》させると信じた。融合遺伝《ゆうごういでん》は、子にたいして両親がそれぞれ同じだけ寄与《きよ》する（この点は、メンデルの理論《りろん》と一致《いっち》する）という仮定《かてい》にもとづく。そして、その寄与《きよ》の程度《ていど》は、世代を重ねるごとに半分ずつになってしまう（この点は、メンデルの理論《りろん》と一致《いっち》しない）。

融合遺伝《ゆうごういでん》の理論《りろん》を数学的にしあげたのはダーウィンのいとこのフランシス・ゴルトン（1822〜1911年）で、その著《ちょ》『遺伝《いでん》の祖《そ》先法則《せんほうそく》』のなかでこれを論《ろん》じている。

ゴルトンは、個体群《こたいぐん》を統計学的《とうけいがくてき》に分析《ぶんせき》することで、親はその遺伝的性質《いでんてきせいしつ》の半分ずつを子に伝え（この点はメンデルと一致《いっち》する）、祖父母《そふぼ》は4分の1、曾祖父母《そうそふぼ》は8分の1の遺伝的性質《いでんてきせいしつ》を伝える（この点はメンデルと一致《いっち》しない）ことをしめす

融合遺伝《ゆうごういでん》

両親の特徴《とくちょう》がペンキをまぜあわせるように融合《ゆうごう》して子に伝えられるという、当時の一般《いっぱん》的《てき》な考えかた。この考えかたでは、それぞれの祖先《そせん》の遺伝的《いでんてき》な寄与《きよ》の度合いは、1世代を経《へ》るごとに半分になると予測《よそく》されていた。

ことができると考えた。

ダーウィンは融合遺伝《ゆうごういでん》を信じていた。したがって、ダーウィンの後継者《こうけいしゃ》たちがやはり進化の一般理論《いっぱんりろん》にたいしてメンデルの研究がもつ重要性《じゅうようせい》を正しく評価《ひょうか》しようとしなかったとしても、おどろくにはあたらない。

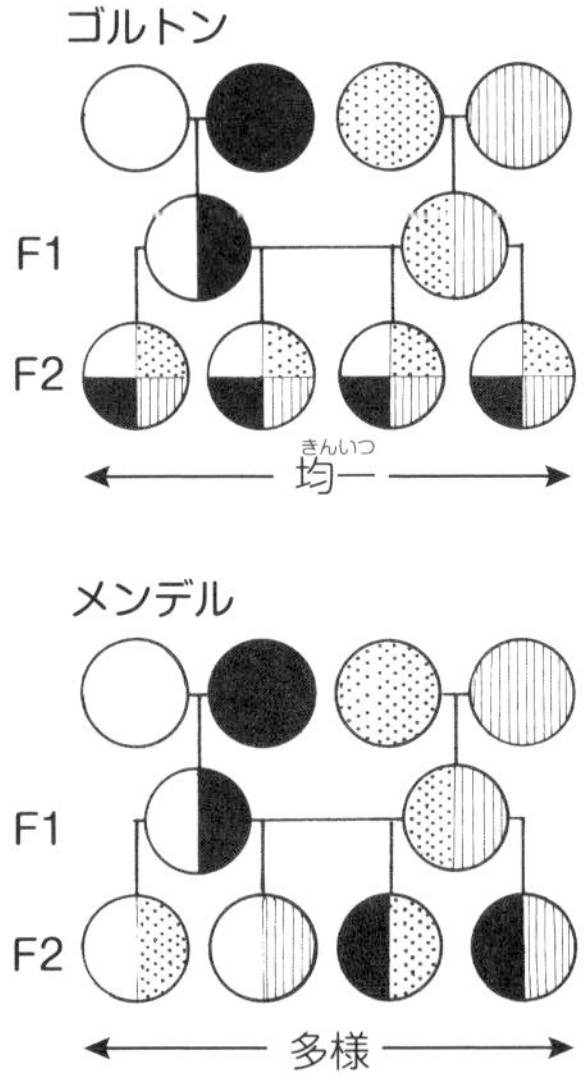

上　ゴルトンによる融合遺伝《ゆうごういでん》
下　メンデルによる粒子遺伝《りゅうしいでん》

メンデルの『雑種植物《ざっしゅしょくぶつ》の研究』が発表されてわずか3年後、メンデルの名は雑種《ざっしゅ》に関する文献《ぶんけん》に記載《きさい》された。1869年にドイツのギーセンで出版《しゅっぱん》された種《しゅ》と変種の問題についての本のなかで、著者《ちょしゃ》のヘルマン・ホフマン（1819〜1891年）が、メンデルの研究について2回ふれている。ひとつはダイコンソウ、もうひとつはエンドウについての研究だった。エンドウの研究についてホフマンは、メンデルが「雑種《ざっしゅ》は、後の世代になると親の種《しゅ》に復帰《ふっき》する傾向《けいこう》をもつ」ことをしめしたと結論《けつろん》づけた。

1881年、ヴィルフェルム・オルバース・フォッケ（1834〜1922年）は雑《ざっ》種植物《しゅしょくぶつ》についての大作《たいさく》を発表し、そのなかで、これまでにつくられた雑種植物《ざっしゅしょくぶつ》の例をすべて記録しようとした。フォッケは、自分でもジギタリスその他2、3の植物について実験をおこなっており、遺伝《いでん》の研究に用いた植物の各部分を測定《そくてい》し、記録しているという点で注目される。かれは、親のジギタリスとその子である雑種《ざっしゅ》植物《しょくぶつ》の花びらとがく片《へん》を測定《そくてい》し、雑種《ざっしゅ》の測定値《そくていち》が多かれ少なかれ両親の中間の値《あたい》になることを見いだした。フォッケは、メンデルの研究に15回もふれていて、そのうちヤナギタンポポの研究には数回ふれて

ジギタリス
J. E. サワビー『イギリス産植物《さんしょくぶつ》誌《し》』(1873) より。

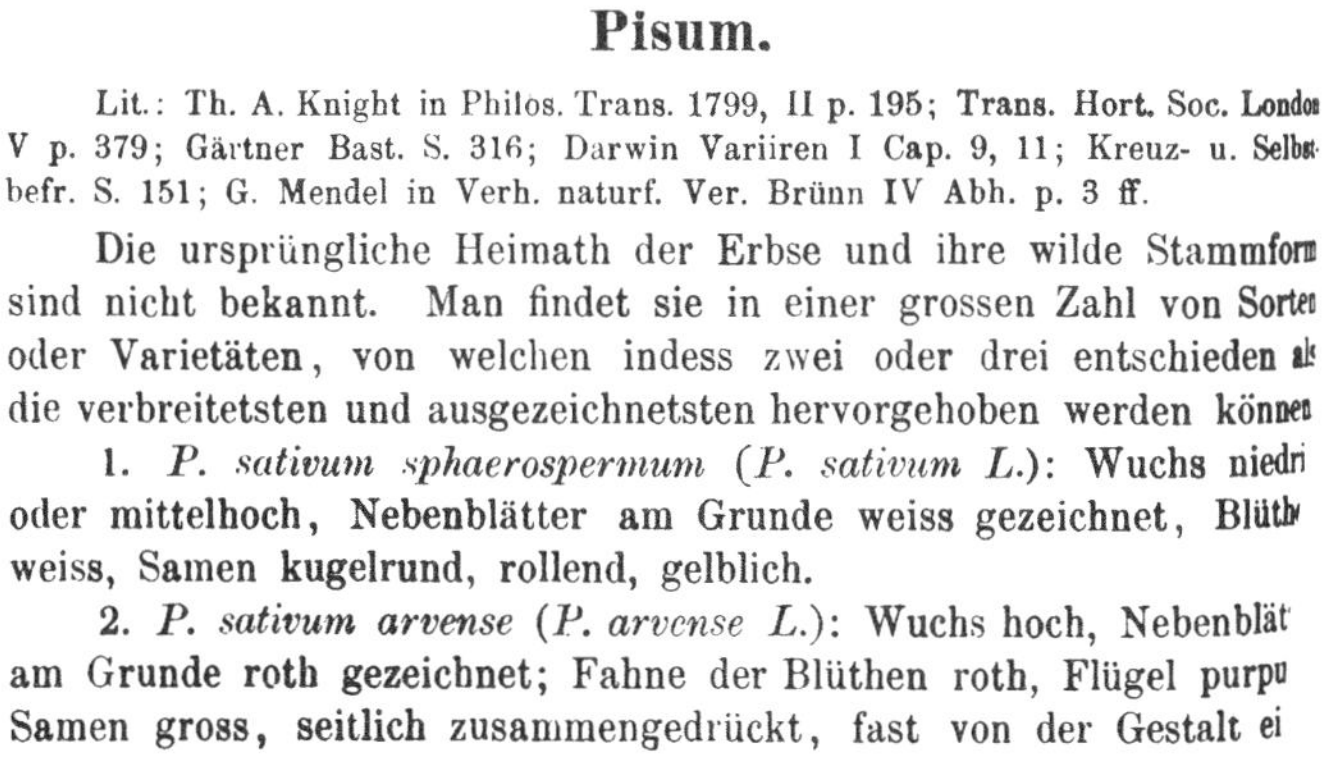

Pisum.

Lit.: Th. A. Knight in Philos. Trans. 1799, II p. 195; **Trans. Hort.** Soc. **Londo** V p. 379; Gärtner Bast. S. 316; Darwin Variiren I Cap. 9, 11; Kreuz- u. Selbst- befr. S. 151; G. Mendel in Verh. naturf. Ver. Brünn IV Abh. p. 3 ff.

Die ursprüngliche Heimath der Erbse und ihre wilde Stammform sind nicht bekannt. Man findet sie in einer grossen Zahl von Sorten oder Varietäten, von welchen indess zwei oder drei entschieden als die verbreitetsten und ausgezeichnetsten hervorgehoben werden könne

1. *P. sativum sphaerospermum* (*P. sativum L.*): Wuchs niedri oder mittelhoch, Nebenblätter am Grunde weiss gezeichnet, Blüth weiss, Samen kugelrund, rollend, gelblich.

2. *P. sativum arvense* (*P. arvense L.*): Wuchs hoch, Nebenblät am Grunde roth gezeichnet; Fahne der Blüthen roth, Flügel purpu Samen gross, seitlich zusammengedrückt, fast von der Gestalt ei

W. O. フォッケ『植物雑種《しょくぶつざっしゅ》』(1881) の一部
メンデルを引用している部分をしめす。

いるものの、エンドウの実験については1回しかとりあげていない。エンドウの実験結果は、ほかの植物でおこなった何百もの実験と一致《いっち》していなかったのだ。そのため、フォッケはメンデルの研究を、ほかの何人かの研究とならべて「とくに有益《ゆうえき》な研究として挙《あ》げておく」と述《の》べるにとどまった。

同じ年にジョージ・ロマネス（1848〜1894年）が『ブリタニカ百科事典』の「雑種化《ざっしゅか》」の項目《こうもく》として書いた論文《ろんぶん》のなかに、メンデルの名が植物育種家《しょくぶついくしゅか》のひとりとして掲載《けいさい》された。

1895年にリバティー・ハイド・ベイリー（1858〜1954年）が書いた『植《しょく》物育種《ぶついくしゅ》』にはメンデルの名前は載《の》っていないが、のちの改訂版《かいていばん》では、フォッケの本からメンデルの実験が引用されている。

知られているかぎりでは、1900年以前にメンデルの研究を引用した文献《ぶんけん》はこれだけである。

オランダのユーゴー・ド・フリース（1848〜1935年）がパリの科学アカデミ

ーに『雑種《ざっしゅ》での分離《ぶんり》の法則《ほうそく》について』という題の論文《ろんぶん》を送ったのは、１９００年３月。メンデルの死後16年がたってからのことだった。この小論文《しょうろんぶん》の結論《けつろん》は、「遺伝《いでん》は、個々《ここ》に分かれた単位にもとづくものと考えることができ、これらの単位は、雑種《ざっしゅ》ではたがいに分離《ぶんり》する」というものだった。「これらの実験は、全体として雑種《ざっしゅ》の分離《ぶんり》の法則《ほうそく》を証明《しょうめい》するもので、固有の形質《けいしつ》は個々《ここ》の単位とみなすことができるという、わたしがすでに表明していた原理を裏《うら》づけるものである」と。

この時期に、あるオランダの友人が、デルフトからメンデルの論文《ろんぶん》1部をド・フリースに送ってよこした。その友人はマルティヌス・ウィレム・ベイエリンク教授《きょうじゅ》（１８５１～１９３１年）で、かれはつぎのように書いてきた。

「君《きみ》が雑種《ざっしゅ》の研究をしていることを承知《しょうち》しているので、たまたまわたしの手元にあったメンデルという人の１８６５年の論文別刷《ろんぶんべつずり》を同封《どうふう》します。まだなにがしか君《きみ》の興味《きょうみ》をひくところがあればいいのですが」

ベイエリンク教授《きょうじゅ》はメンデルの研究の根本的な重要《じゅうよう》性《せい》をみとめていたし、論文《ろんぶん》を受けとったときのド・フ

ユーゴー・ド・フリース

リースも同じ考えだった。

ド・フリースは、自分の論文《ろんぶん》のドイツ語版《ごばん》を発表のために送ろうとしたところだったが、パリにすでに送ってしまった論文《ろんぶん》の結論部分《けつろんぶぶん》をいそいで書きなおして、ドイツに送った。

「これらの実験と、ほかの多くの実験からわたしは、メンデルがエンドウについて立証《りっしょう》した植物界での雑種《ざっしゅ》の分離《ぶんり》の法則《ほうそく》は、固有の諸形質《しょけいしつ》をつくりあげている単位の研究において広く一般《いっぱん》に適用《てきよう》が可能《かのう》で、また本来的な意義《いぎ》をもっていると結論《けつろん》する」

ド・フリースは、メンデルの論文《ろんぶん》を「時代に先《さき》んじたもの」と評《ひょう》した。それは、メンデル自身が失意のうちに述《の》べたとされる、「わたしの時代がきっと来る」ということばと呼《こ》応《おう》するものだった。

ド・フリースは、メンデルよりは学会とかかわりのある人だったので、チェルマクやコレンスといった自分の論文《ろんぶん》に関心をもってくれそうな人たちに別刷《べつず》りを送った。

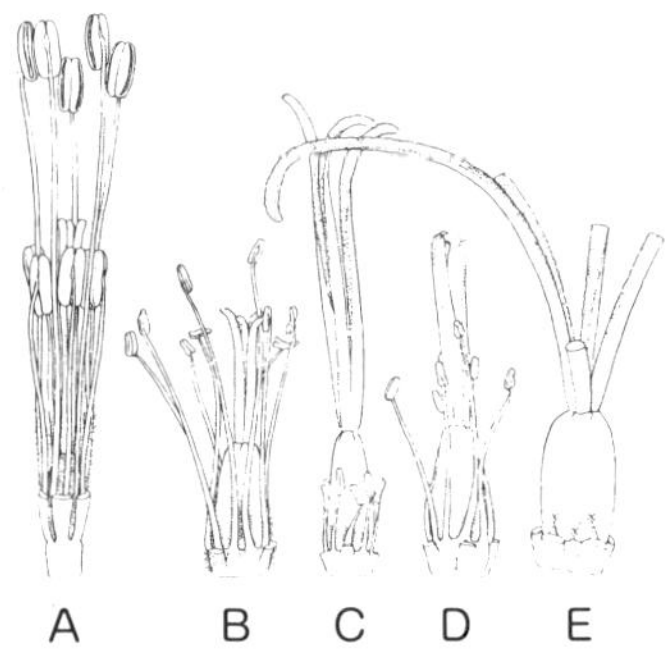

マンテマ属《ぞく》（ナデシコ科）のかけあわせで生《しょう》じるおしべとめしべ
C. コレンス『性《せい》の決定《けってい》と遺伝《いでん》』（1907）より。
A　シロバナムシトリナデシコ
E　マツヨイセンノウ
B、C、D　上記2種（AとE）の雑種《ざっしゅ》

ドイツのカール・コレンス（1864～1933年）は、1899年10月にとつじょ「粒子遺伝《りゅうしいでん》」というアイデアがひらめき、わずか2、3週間後にはフォッケの著書《ちょしょ》にメンデルの論文《ろんぶん》が引用されているのを見つけだした。コレンスがメンデルの名を聞いたのは、これがはじめてではなかった。コレンスはネーゲリの弟子《でし》であり、そのネーゲリがヤナギタンポポについてのメンデルの研究にふれていたからだ（エンドウについてはふれていなかったが）。コレンスの研究は、『雑種品種《ざっしゅひんしゅ》の子孫の行動についてのG・メンデルの法則《ほうそく》』と題して1900年5月に発表された。

しかしコレンスは、ド・フリースに先をこされていることに気がついた。ド・フリースが送った別刷《べつず》りが、発表をいそぐきっかけとなった。ド・フリースに先をこされたコレンスは、自分とド・フリースのどちらもメンデルに先をこされていることを、世界にうったえたのである。

オーストリアのエーリヒ・フォン・チェルマク（1871～1962年）は、エンドウを用いて遺伝《いでん》の研究をおこなうことにしていた。1899年、文献《ぶんけん》をさがしていて、フォッケの著書《ちょしょ》にエンドウに関するメンデルの研究が引用されているのを見つけた。「この発見と同じ日に、わたしは大学図書館でブルノ自然研究会の会報《かいほう》を見つけだし、その内容を知ることができた。たいへんおどろいたことに、わたしが発見した規則的《きそくてき》な関係は、はるかに早くメンデルによって発見されていたのだ」

ド・フリースから別刷《べつず》りを受けとったのち、チェルマクは1900年6月に自分の論文《ろんぶん》『エンドウにおける実験的交雑《じっけんてきこうざつ》について』を発表した。

ウィリアム・ベイトソン（1861〜1926年）も、ド・フリースの論文《ろんぶん》の別刷《べつず》りを受けとった。かれもまた、1866年のブルノ自然研究会の会報《かいほう》をさがしだした。1900年5月、ベイトソンはロンドンの王立園芸協会の会員たちに、メンデルの研究について講演《こうえん》した。

このようにして、1899年から1900年のあいだに3人の研究者が別々に遺伝《いでん》の法則《ほうそく》に到達《とうたつ》し、メンデルの研究がひじょうに重要であることを理解《りかい》するまでになっていた。

こうした理解《りかい》は、細胞説《さいぼうせつ》の発展《はってん》によるものだった。ダーウィンの自然選択説《しぜんせんたくせつ》をべつにすれば、19世紀後半の生物学研究でもっとも目ざましい進歩は、細胞《さいぼう》の構造《こうぞう》と働きについての理解《りかい》にあった。

ネーゲリも、ある細胞《さいぼう》がべつの細胞《さいぼう》から分裂《ぶんれつ》によってつくられることは観察していたが、新しい細胞《さいぼう》は核《かく》だけからも形づくられると考え、さらに細胞《さいぼう》もその核《かく》も、つくられかたは1つとはかぎらないと信じていた。

少し時期がさかのぼるが、病理学者のルドルフ・フィルヒョウ（1821〜1902年）は、1856年に顕微鏡《けんびきょう》による研究の結果を発表して、細胞《さいぼう》もその他のなにかも自然発生によって生《しょう》じうるという考えを否定《ひてい》した。かれは、「すべての細胞《さいぼう》は、ほかの細胞《さいぼう》に由来する」と主張《しゅちょう》した。ただし、どのようにしてつくられるかはわからなかった。

ロベルト・レーマク（1815〜1865年）は、1852年から1862年にかけて、細胞《さいぼう》が単《たん》純《じゅん》なくびれによって分裂《ぶんれつ》することをしめし、また濃《こ》く染《そ》まる小さな**核**《かく》もそれをとりまく**細胞質**《さいぼうしつ》も、細胞《さいぼう》のすべての部分が細胞分裂《さいぼうぶんれつ》のたびに分裂《ぶんれつ》することから、すべての細胞《さいぼう》がすでに存在《そんざい》する細胞《さいぼう》から形づくられるだけでなく、核《かく》もまたすでに存在《そんざい》する核《かく》から

核《かく》と細胞質《さいぼうしつ》

動植物の細胞《さいぼう》には、ふつう1個《こ》の「核《かく》」がある。核《かく》は、染色剤《せんしょくざい》（酢酸《さくさん》カーミン溶液《ようえき》）で赤く染《そ》まる。これは核《かく》のなかに、「染色質《せんしょくしつ》」という染《そ》まりやすい物質《ぶっしつ》があるからだ。染色質《せんしょくしつ》は、細い糸のような物質《ぶっしつ》で、じつはこれが「DNA」（遺伝子《いでんし》の本体）だ。細胞分裂《さいぼうぶんれつ》がはじまると、染色質《せんしょくしつ》が凝縮《ぎょうしゅく》していって、1対《つい》の染色体《せんしょくたい》になる。染色体《せんしょくたい》の上には、粒子状《りゅうしじょう》の遺伝子《いでんし》がのっている。染色体《せんしょくたい》の数は、生物の種《しゅ》によってことなる。

これら細胞《さいぼう》のなかにあるもののうち、核《かく》以外のすべてのもののことを「細胞質《さいぼうしつ》」という。

形づくられるように見えることをしめした。

フランスの動物学者エドゥアール－ジェラール・バルビアーニ（1825〜1899年）は1861年、弱い染色剤《せんしょくざい》を使用して細胞《さいぼう》の一部だけを染色《せんしょく》することを思いついた。それまでは強い染色剤《せんしょくざい》が使われていたので、顕微鏡下《けんびきょうか》に見えるもの全体に色がついてしまっていた。バルビアーニは、酢酸《さくさん》カーミン溶液《ようえき》（細胞《さいぼう》を固定し、細胞核《さいぼうかく》や染色体《せんしょくたい》を赤く染色《せんしょく》するために使う染色固定剤《せんしょくこていざい》）をうすめて使用した。

バルビアーニは、単細胞《たんさいぼう》の繊毛虫類《せんもうちゅうるい》（ゾウリムシ）が接合《せつごう》している標本の図を発表した。そこには、核分裂《かくぶんれつ》のいくつかの段階《だんかい》がしめされている。繊維状《せんいじょう》の紡錘体《ぼうすいたい》（細胞分裂《さいぼうぶんれつ》のときに細胞内《さいぼうない》にあらわれる糸状《いとじょう》の構造《こうぞう》で、染色体《せんしょくたい》を均《きん》等《とう》に分ける働きがある）の上には、濃《こ》く染《そ》まった小さな斑点《はんてん》がならんでいる。バルビアーニは、これらの斑点《はんてん》はゾウリムシの精子《せいし》だと考えた。

シュライデンとともに細胞説《さいぼうせつ》の基礎《きそ》をきずいたテオドール・シュワンは、1839年に、

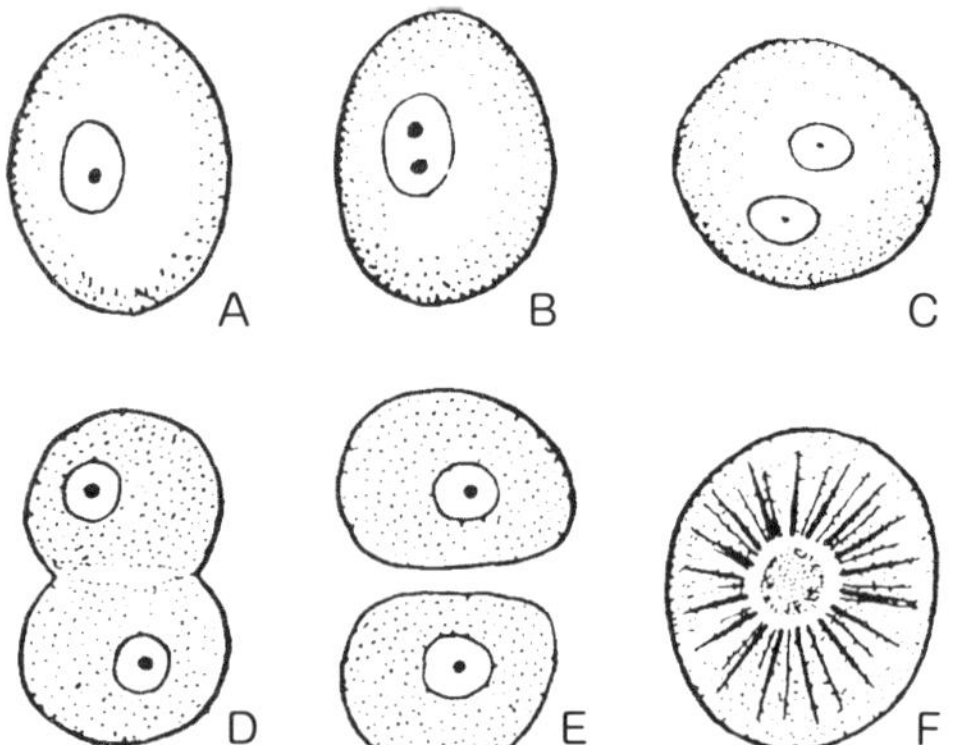

くびれによる細胞分裂《さいぼうぶんれつ》
A→Eの流れで、細胞質《さいぼうしつ》も核《かく》も2個《こ》に分裂《ぶんれつ》する。
R. レーマク『ミューラー誌《し》』（1852）より。

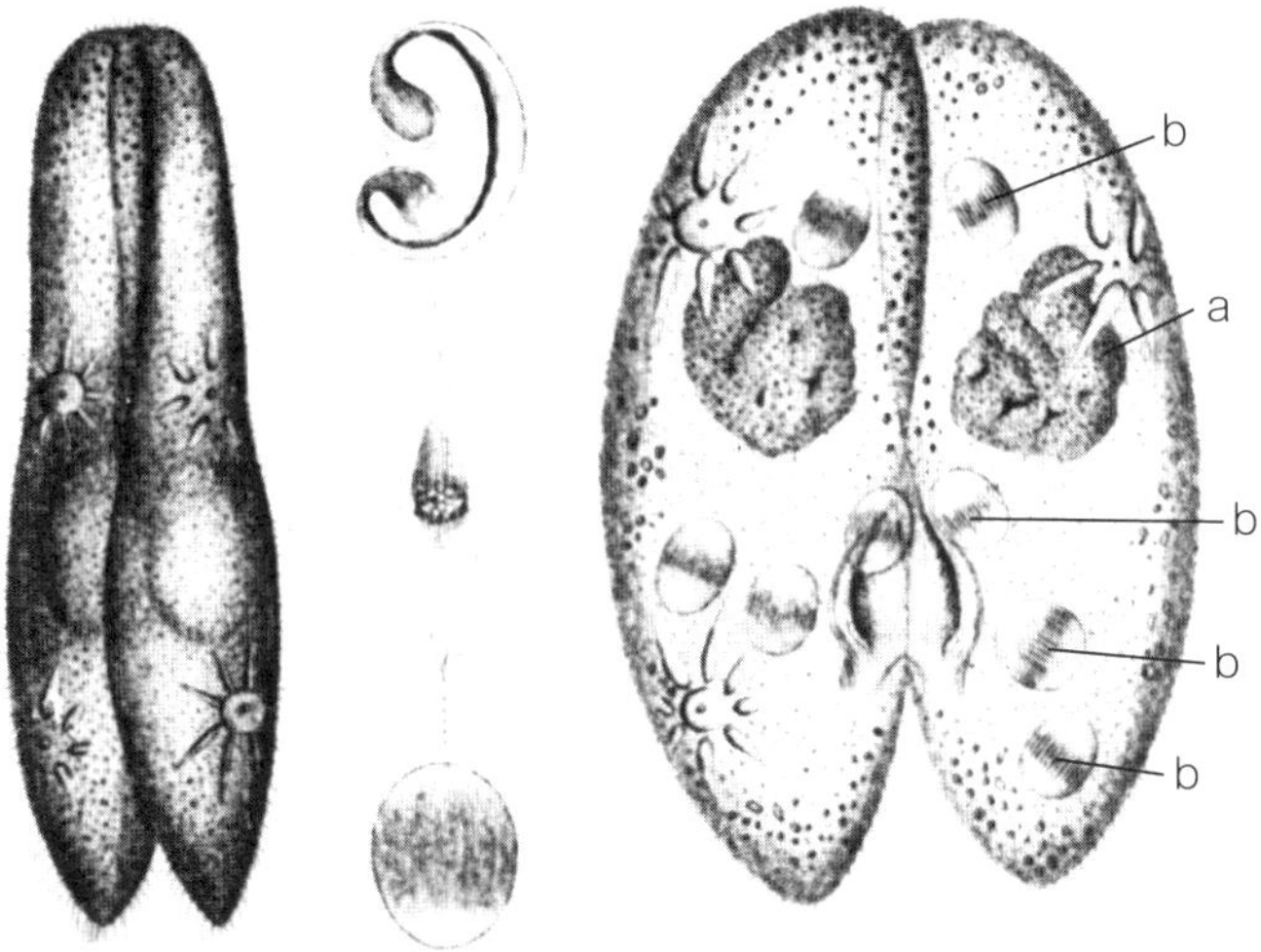

ゾウリムシの核分裂《かくぶんれつ》

aは大核《だいかく》、bは減数分裂《げんすうぶんれつ》によって4つに分かれた小核《しょうかく》。中央に染色体《せんしょくたい》が帯状《おびじょう》にならんでいる。バルビアーニは、これを精子《せいし》だと思った。E. G. バルビアーニ（1861）より。

接合《せつごう》

配偶子《はいぐうし》（生殖細胞《せいしょくさいぼう》）どうしが接着《せっちゃく》して核《かく》を交換《こうかん》することや、両者が合体してひとつになることを、「接合《せつごう》」という。接《せつ》合《ごう》によって、べつの個体《こたい》とのあいだで遺伝子《いでんし》の交換《こうかん》がおこなわれ、新たな遺伝子《いでんし》の組みあわせが生《しょう》じる。卵《らん》と精子《せいし》の接《せつ》合《ごう》を「受精《じゅせい》」とよぶ。接合《せつごう》は、有性生殖《ゆうせいせいしょく》での重要な段階《だんかい》だ。

未受精卵《みじゅせいらん》は核《かく》と細胞質《さいぼうしつ》をもつ単一《たんいつ》の細胞《さいぼう》とみなすことができると考え、1841年には、アルベルト・ケリカー（1817～1905年）が、精子《せいし》を単一《たんいつ》の核《かく》であるとみなした。それにつづいて、1847年にはジャン-バプティスタ・アミチが、1856年にはナタネール・プリングスハイムが観察をおこなって、受精《じゅせい》のさいには単一《たんいつ》の細胞《さいぼう》どうしが融合《ゆうごう》して細胞《さいぼう》をつくり、それが新しい生物体に発達していくことをしめした。

ところで、受精《じゅせい》で重要なのが「核《かく》」だということは、1876年にオスカー・ヘルトヴィッヒ（1849～1922年）が観察するまでみとめられなかった。かれは、ウニの受精卵《じゅせいらん》のなかに核《かく》が2個《こ》あるのを見て、そのうち1個《こ》は精子《せいし》から、

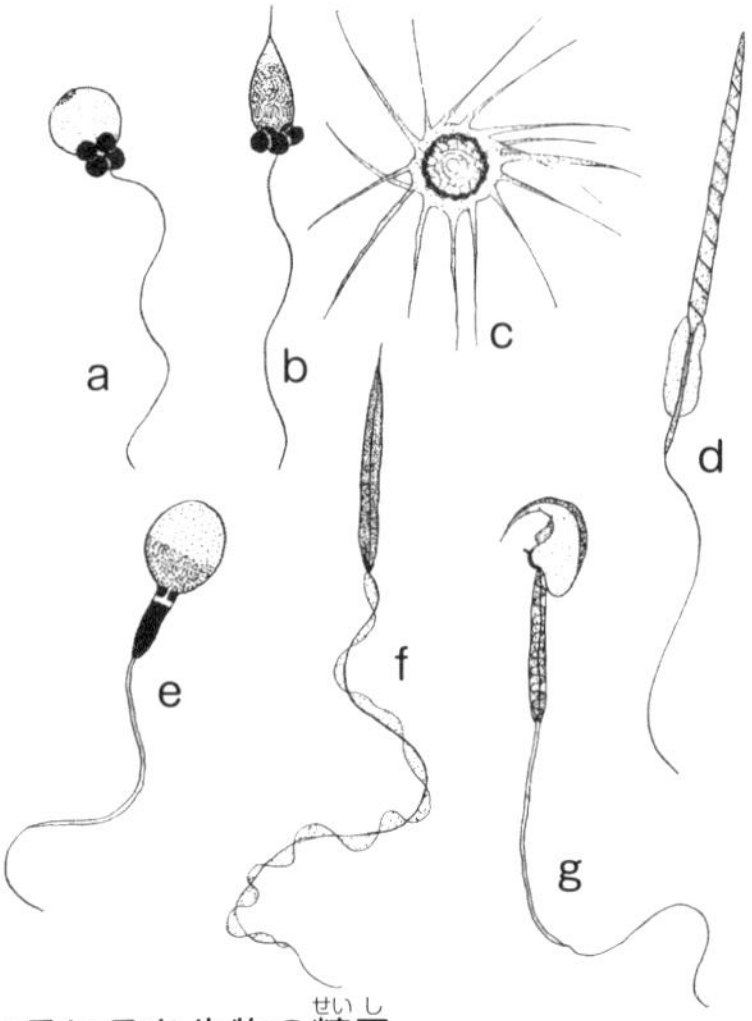

いろいろな生物の精子《せいし》
eはヒトの精子《せいし》（W. ジョージ、1965）。

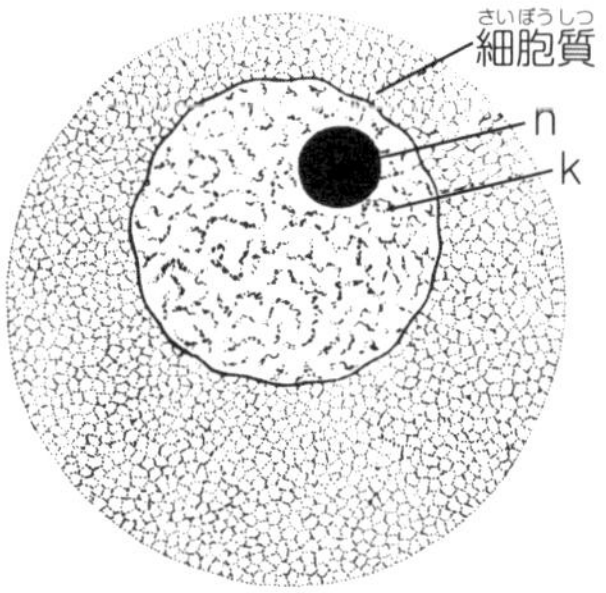

受精《じゅせい》まえの卵細胞《らんさいぼう》
kは核《かく》、nは核小体《かくしょうたい》（仁《じん》）とよばれる濃《こ》く染《そ》まる部分。
A. ヴァイスマン『進化論講義《しんかろんこうぎ》』（1904）より。

もう1個《こ》は卵細胞《らんさいぼう》からのものだということに気づいた。しかし、この時点では、ふつうの細胞分裂《さいぼうぶんれつ》のときに核《かく》になにが起こっているか、だれも理解《りかい》していなかった。それに、「核《かく》はいったんとけて消えさり、細胞《さいぼう》が分裂《ぶんれつ》してできた2個《こ》の新しい細胞《さいぼう》のなかでつくりなおされる」という見かたが一般的《いっぱんてき》だった。

バルビアーニは、最初の発表で核分裂《かくぶんれつ》をはっきりとえがきながらもそれを認識《にんしき》していなかったが、15年後になって問題を解決《かいけつ》した。

1876年、かれはついに、ゾウリムシに見られた濃《こ》く染《そ》まる斑点《はんてん》の意味を理解《りかい》した。バルビアーニは、バッタの卵巣《らんそう》のまわりの細胞《さいぼう》を調べていて、核《かく》から多数の斑点《はんてん》がつくられるところを見た。この斑点《はんてん》を、かれは「棒状体《ぼうじょうたい》」とよんだ。それらは細胞《さいぼう》の中心に束《たば》になって整列し、まんなかで分かれて2つの束《たば》になり、2個《こ》の新しい細胞《さいぼう》のそれぞれに1束《たば》ずつ入って、新しい核《かく》を形成した。

これは、現在《げんざい》「染色体《せんしょくたい》」という名で知られている物体の、最初の記録だ。染色体《せんしょくたい》という名がついたのは1888年で、細胞分裂《さいぼうぶんれつ》のときに核《かく》のほかの部分よりも濃《こ》い色に染《そ》まるところから、そう名づけられた。

バルビアーニは、1点だけまちがっていた。かれは、棒状体《ぼうじょうたい》がまんなかで横に半分に分かれるといった。それにたいして、1879年にヴァルター・フレミング（1843～1915年）は、糸状《いとじょう》のものが、「長い方向にそって分裂《ぶんれつ》する」ことをサンショウウオの細胞《さいぼう》でしめすことができた。それからまもなく、有糸分裂《ゆうしぶんれつ》（分裂《ぶんれつ》のときに糸のようなものが生《しょう》じるところから、フレミングがつくった用語）による核《かく》のこの分裂《ぶんれつ》は、単細胞《たんさいぼう》の原《げん》生生物《せいせいぶつ》からより複雑《ふくざつ》な生物まで、植物でも動物でも起こっているということが、急速に理解《りかい》されるようになった。

　こうして、細胞分裂《さいぼうぶんれつ》のさいに「染色体《せんしょくたい》が等しく分かれる」ということがみとめられた。そして、それからまもなく、「動物の卵《らん》と精子《せいし》が受精《じゅせい》するとき」と「植物の卵細胞《らんさいぼう》と花粉粒《かふんりゅう》が受精《じゅせい》するとき」だけは、染色体《せんしょくたい》がほかの細胞《さいぼう》が形づくられる場合とことなる動きをすることが発見された。数人の細胞学者《さいぼうがくしゃ》の研究によって、卵《らん》と精子《せいし》のあいだで受精《じゅせい》の準備《じゅんび》がととのうまえに染色体《せんしょくたい》の数が半分にへるということがわかって

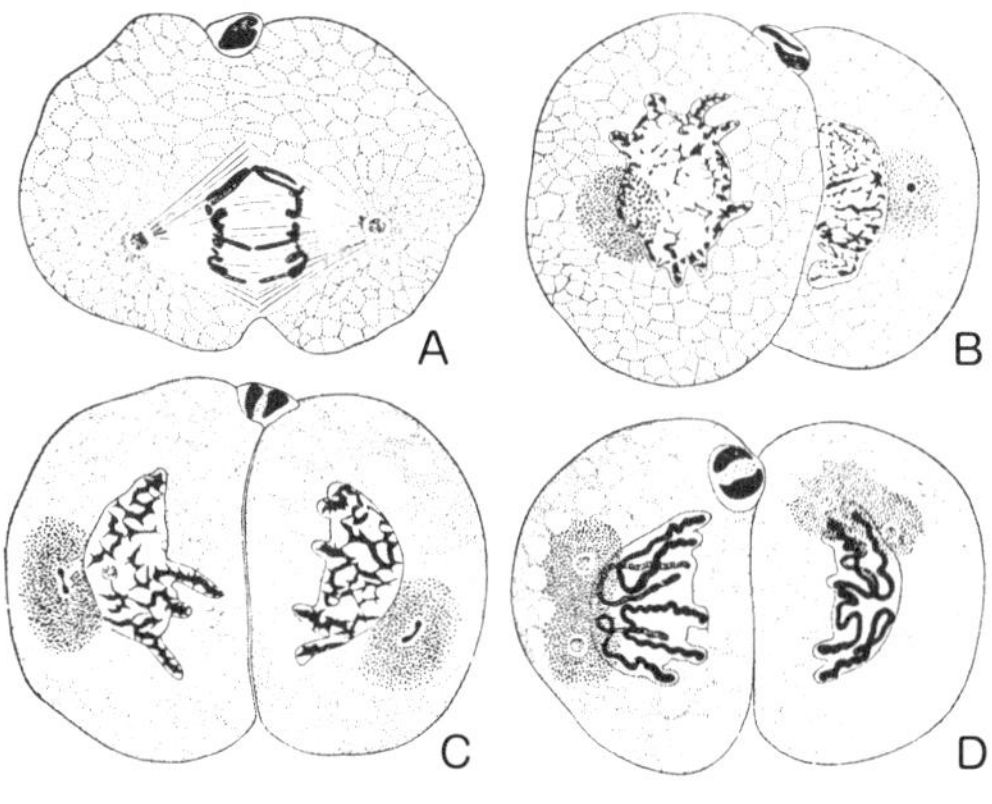

回虫《かいちゅう》（線形動物《せんけいどうぶつ》に属《ぞく》する寄生虫《きせいちゅう》）の発生における有糸分裂《ゆうしぶんれつ》（A→Dの順）。テオドール・ボヴェリ『回虫卵《かいちゅうらん》の受精《じゅせい》にさいしての細胞核《さいぼうかく》の分化について』（1888）より。

きた。そのようにして、ある生物に固有の染色体《せんしょくたい》の数は、受精中《じゅせいちゅう》に半分になり、受精《じゅせい》した接合体《せつごうたい》（受精《じゅせい》卵《らん》）ではこれがふたたびその固有の数になり、ひきつづき有糸分裂《ゆうしぶんれつ》による細胞分裂《さいぼうぶんれつ》が何度もくりかえされることで、新しい生物体に成長するのだ。

1905年には、生殖細胞《せいしょくさいぼう》で染色体《せんしょくたい》の数が半分になる分裂《ぶんれつ》は「減数分裂《げんすうぶんれつ》」として知られるようになった。

こうした進歩は、技術《ぎじゅつ》の改良の結果としてもたらされたものだ。バルビアーニが染色剤《せんしょくざい》を変えることで染色体《せんしょくたい》をしめしたときよりもっと選択的《せんたくてき》に、細胞内《さいぼうない》の画像《がぞう》を得ることができるようになった。ときには、細胞《さいぼう》のちがう部分を染《そ》めわけるために数種類の染色剤《せんしょくざい》が使われた。進歩は、各人《かくじん》が先人《せんじん》よりも多くのことを知るようになったからこそもたらされた。けれども、人間には「自分のさがしているものだけが見える」ものだ。

バルビアーニは、ゾウリムシの分裂中《ぶんれつちゅう》の核《かく》のなかに「染色体《せんしょくたい》」が見えている標本をつ

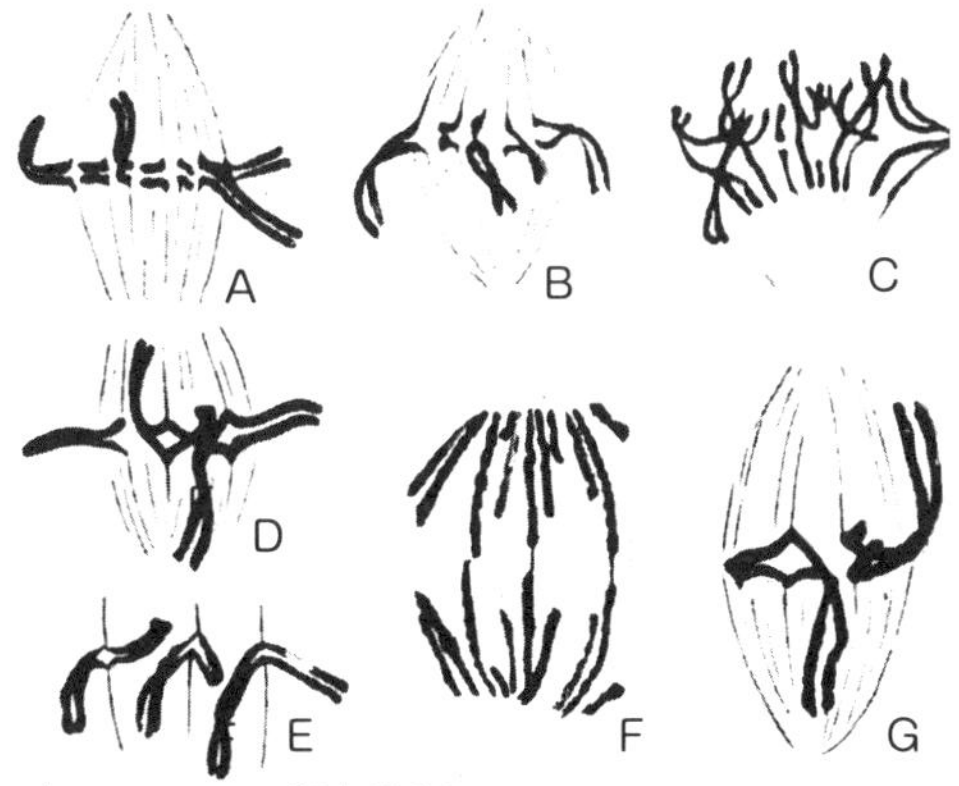

ある種《しゅ》の植物での有糸分裂《ゆうしぶんれつ》
染色体《せんしょくたい》が縦《たて》に二分《にぶん》することをしめす。
V. グレゴワール『細胞《さいぼう》』（1906）より。

くった。しかしかれは、この原生生物《げんせいせいぶつ》の「大きい核《かく》が卵巣《らんそう》」で「小さい核《かく》は精巣《せいそう》である」と考えていたので、自分が見ているものを染色体《せんしょくたい》とは思わず、精子《せいし》を見ているのだと思っていた。バルビアーニが「棒状体《ぼうじょうたい》」を見てその意味を理解《りかい》するまでには、数多くの観察を重ねなければならなかった。

この時期の生物学理論《せいぶつがくりろん》の発展《はってん》を見るときに、もっとも重要な人物のひとりが、アウグスト・ヴァイスマン（1834～1914年）だ。

ヴァイスマンは、ドイツのフライブルク大学の動物学の教授《きょうじゅ》だった。かれは、遺伝学《いでんがく》の考えかたと細胞学《さいぼうがく》の考えかたを結びつけることに成功した。ヴァイスマンは、遺伝《いでん》で重要なのは配偶子《はいぐうし》（生殖細胞《せいしょくさいぼう》）だということをしめしたのだ。

配偶子《はいぐうし》は、融合《ゆうごう》して1個《こ》の細胞《さいぼう》となり、そこから新しい生物体が形づくられる。この生物体は、発生の初期に、つぎの世代に送りだすための新しい配偶子細胞《はいぐうしさいぼう》をすでにつくりだしている。けれども、生物体の体細胞《たいさいぼう》は死んでいく。

ヴァイスマンがこの考えを思いついたのは、ハエが卵《たまご》から成長していくようすを研究していたときのようだ。かれは、やがて配偶子《はいぐうし》になる細胞《さいぼう》が発生の初期にすでに別あつかいされていることに気づいた。このことからヴァイスマンは、「生物体の体細胞《たいさいぼう》は、生殖細胞《せいしょくさいぼう》の遺伝的《いでんてき》な能力《のうりょく》には影響《えいきょう》しない」と結論《けつろん》づけた。

ある個体《こたい》が一生のあいだに獲得《かくとく》した形質《けいしつ》は、体細胞《たいさいぼう》に起こった変化だ。だから、獲得形質《かくとくけいしつ》の遺伝《いでん》は起こりそうにないことがわかる。たとえ、イヌやウマの尾《お》を何世代にもわたって切り落としたとしても、その子孫の尾《お》が生まれつき短くなるなどということはない。

これは、メンデルがヒメリュウキンカのいろいろな変種をならべて植えたときに見いだしたことと一致《いっち》する。変種どうしはたがいに似《に》ることはなく、それぞれが祖先《そせん》から受けつ

アウグスト・ヴァイスマン

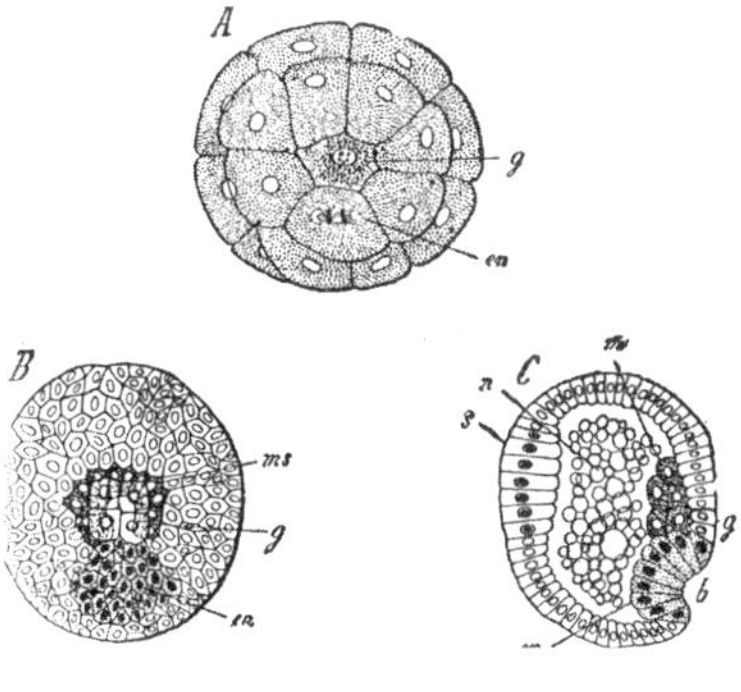

ある淡水産甲殻類《たんすいさんこうかくるい》の発生のようす。古い図版のためやや不鮮明《ふせんめい》だが、生殖細胞《せいしょくさいぼう》のグループ（g）は、発生の初期からすでに、ほかの細胞《さいぼう》と区別することができることをしめした貴重《きちょう》な図。E. コルシェルトおよびK.ハイダー『比較個体発生《ひかくこたいはっせい》史概説《しがいせつ》』（1902）より。

いだ形態《けいたい》を保《たも》ちつづけたのだ。そしてこれは、「ダーウィンのパンゲン説」と対立する。

　ダーウィンは、「パンゲン」または「ジェミュール」と名づけた粒子《りゅうし》の存在《そんざい》を仮定《かてい》した説をとなえた。体の細胞《さいぼう》にふくまれる粒子《りゅうし》が全身から集まってきて配偶子《はいぐうし》に入りこみ、つぎの世代で、配偶子《はいぐうし》から生《しょう》じる各器官の形を決定するという仮説《かせつ》だ。たとえば、ほおひげからやってきて配偶子《はいぐうし》に入りこんだパンゲンは、受精《じゅせい》するときに受けわたされて、新しい生物体のほおひげの細胞《さいぼう》に入り、その形を決定するというわけだ。

　ド・フリースがトウモロコシの雑種《ざっしゅ》について研究をはじめたのは、バルビアーニが「棒状体《ぼうじょうたい》」について調べたのと同じ年、メンデルの論文《ろんぶん》から10年後

ダーウィンのパンゲン説

　ダーウィンは、ラマルクの「用不用説」と「獲得形質《かくとくけいしつ》の遺伝《いでん》」を支持《しじ》していた（キリンの首が長くなった理由を説《と》く例が有名）。そこで、そのしくみを理論的《りろんてき》に説明するために『家畜《かちく》と栽培植物《さいばいしょくぶつ》の変異《へんい》』（1868年）のなかでとなえたのが、「パンゲン説（pangenesis）」だ。ダーウィンは、動植物の体には細胞《さいぼう》ごとに「ジェミュール」という粒子《りゅうし》があり、体のなかをめぐって各器官で獲得《かくとく》した情報をたくわえ、それが生殖細胞《せいしょくさいぼう》に集まって子孫に伝わると考えた。この説は、現在《げんざい》ではまちがった説とみなされている。

　パンゲンの語源《ごげん》はギリシャ語の「pan（すべての）＋genos（種《しゅ》）」。パンゲン説の由来は、紀元前5世紀のヒポクラテスにまでさかのぼることができるという。

のことだった。

そして1889年にド・フリースは『細胞内《さいぼうない》パンゲン説』という本を出版《しゅっぱん》している。かれは、「パンゲンは明確《めいかく》に存在《そんざい》する物質《ぶっしつ》粒子《りゅうし》で、すべての生物体はパンゲンからなっている」と考えた。

ド・フリースは、パンゲンはどのような比率《ひりつ》でもまざりあうことができ、これで雑種実験《ざっしゅじっけん》の結果も説明できると信じた。雑種《ざっしゅ》の子孫の形態《けいたい》にかぎりなく変異《へんい》が生《しょう》じるように見えるのも、パンゲンがさまざまなやりかたでまざりあうことによって起こると説明できたのだ。

3年後、ド・フリースは、マツヨイセンノウの有毛のものと無毛のもののあいだでかけあわせの研究をおこなっている。F2世代で、かれは392株《かぶ》の有毛の植物と144株《かぶ》の無毛の植物を記録した。し

ド・フリースの細胞内《さいぼうない》パンゲン説

ド・フリースは1889年に、ダーウィンの「パンゲン説」を発展《はってん》させて「細胞内《さいぼうない》パンゲン説」をとなえた。ド・フリースが仮定《かてい》した、遺《い》伝形質《でんけいしつ》を伝える粒子《りゅうし》は、体内をめぐらず細胞《さいぼう》のなかにとどまる。ダーウィンの「ジェミュール」とはことなり、細胞《さいぼう》ごとではなくそれぞれの形質《けいしつ》に対応《たいおう》した粒子《りゅうし》であるとして、これを「パンゲン（pangen）」と名づけた。この説は、遺伝子説《いでんしせつ》の先駆《さきが》けとなるものとされている。

遺伝子《いでんし》を英語で「gene」という。その語源《ごげん》はドイツ語の「ｇｅｎ」で、デンマークの植物学者ヨハンセンが1909年に、ド・フリースの「パンゲン」を短縮《たんしゅく》して遺伝子《いでんし》を「ゲン（ｇｅｎ）」とよんだことによるとされる。

かし、かれがその結果からなにかをみちびきだすことはなかった。

ド・フリースは、花びらの付け根が黒いヒナゲシと、その変種で付け根が白いヒナゲシもかけあわせた。雑種《ざっしゅ》の第2世代で、付け根が黒いもの158株《かぶ》と白いもの43株《かぶ》を得た。実験は、数世代にわたってつづけられた。

ド・フリースは、1896年には「優性《ゆうせい》」という考えかたに気づき、F2世代でのあらわれかたの比率《ひりつ》が3対1になることを発見していた。また、F2世代での3つの「優性《ゆうせい》」型のうち、同じ形質《けいしつ》の子を生《しょう》じるのは3分の1だけで、残りの3分の2は、両親と同じく「雑種《ざっしゅ》」つまり「ヘテロ接《せっ》合型《ごうがた》」だった。「ヘテロ接合型《せつごうがた》」というのは、ウィリアム・ベイトソンが、ことなる形質《けいしつ》の組みあわせ（Aa）にたいして1902年につくった用語だ。同じ形質《けいしつ》の組みあわせ

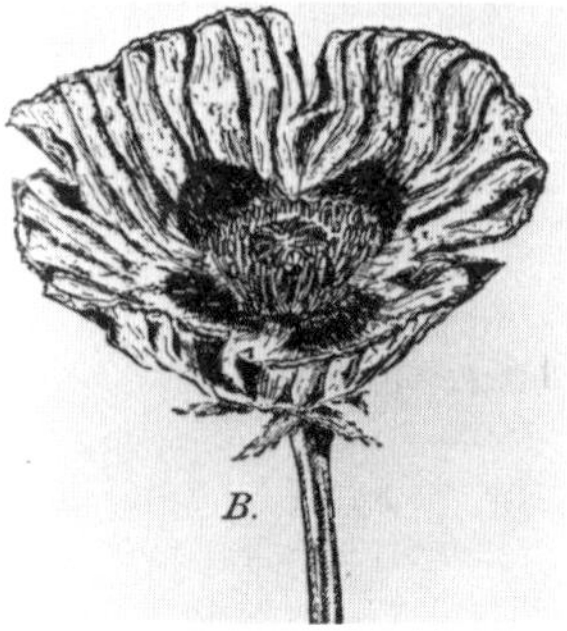

花びらの付け根が黒いヒナゲシ
H.ド・フリース『突然変異説《とつぜんへんいせつ》』（1910）より。

マツヨイヤンノウ
J. E. サワビー『イギリス産植《さんしょく》物誌《ぶつし》』（1873）より。

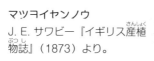

（AAまたはaa）の場合は「ホモ接合型《せつごうがた》」という。ド・フリースは、自分がいうパンゲン（物質粒子《ぶっしつりゅうし》）がどのように遺伝《いでん》するかをしめす実験を計画して、メンデルと同じ結論《けつろん》に達した。しかしかれは、その結果を公表しなかった。

1899年に王立園芸協会の国際会議で演説《えんぜつ》をおこなったときも、ド・フリースは自分の研究の結果について話さなかった。自分の理論《りろん》が多くの植物にあてはまることを証明《しょうめい》する必要を感じていたからだ。

1899年の末までに、かれは30種以上の植物の種《しゅ》と変種について「遺伝《いでん》と分離《ぶんり》には粒《りゅう》子状《しじょう》の物質《ぶっしつ》がかかわる」ことの証拠《しょうこ》を得ていた。これで論文《ろんぶん》を発表する準備《じゅんび》はととのった。

コレンスも、優性《ゆうせい》と3対1の比率《ひりつ》に気づき、また遺伝《いでん》する因子《いんし》が対《つい》になって存在《そんざい》すると考えられることを知っていた。かれはさらに研究を重ね、花粉粒《かふんりゅう》と卵細胞《らんさいぼう》が形成されるときにおこなわれる核分裂《かくぶんれつ》のどこかの時点で、因子《いんし》の対《つい》が分かれることをしめした。メンデルとはちがって、コレンスには新しい細胞学《さいぼうがく》の知識《ちしき》があり、細胞分裂《さいぼうぶんれつ》を理解《りかい》しているという利点があった。

チェルマクは、背《せ》の高いエンドウが背《せ》の低いものにたいして優性《ゆうせい》であるように見えることに気づき、また黄色と緑色の豆、表面がなめらかな豆としわのよった豆の比率《ひりつ》が3対1

になるという結果を得ていた。

ド・フリース、コレンス、チェルマクの3人によって「メンデルの法則《ほうそく》」が発見されるまでに、34年がかかった。その普遍性《ふへんせい》が世にみとめられるのは、それほどおそくなってしまった。そして、3人のうちのだれも、同時に2種類以上のことなった形質《けいしつ》が遺伝《いでん》することについて調べたり論文《ろんぶん》にまとめたりはしなかったので、形質《けいしつ》の組みあわせに関するメンデルの「独立《どくりつ》の法則《ほうそく》」は独自《どくじ》のものでありつづけた。

「単位因子《たんいいんし》の遺伝《いでん》」という基本的《きほんてき》な考えを完成させるためには、パズルにもう1ピースはめこむだけでよかった。

1902年、コレンスは、遺伝因子《いでんいんし》を染色体《せんしょくたい》に関連づけた。かれは、遺伝因子《いでんいんし》を糸に通してならべたビーズのようなものだと想像《そうぞう》したが、1対《つい》の因子《いんし》はともに同じ染色体上《せんしょくたいじょう》にあると考えた。

同じ1902年、アメリカ・コロンビア大学のウォルター・サットン（1877～1916年）がついに、メンデルの形質《けいしつ》すなわち遺伝因子《いでんいんし》と染色体《せんしょくたい》との関係を明らかにした。

バッタの細胞《さいぼう》を研究していたサットンは、染色体《せんしょくたい》が対《つい》になってあらわれることをしめした。染色体《せんしょくたい》は、そっくりなものが2個《こ》ずつ対《つい》をなして存在《そんざい》していて、ほかの対《つい》のものとはたがいに見分けがついた。バッタの一種ブラキストラ・マグナは22本、つまり11対《つい》の染色体《せんしょくたい》をもっている。サットンは、この観察結果が「メンデルの遺伝《いでん》の法則《ほうそく》の物質的《ぶっしつてき》基《き》礎《そ》をなす」かもしれないと考えた。1対《つい》の因子《いんし》が1対《つい》の染色体《せんしょくたい》によって運ばれるというのだ。

サットンはつぎに、減数分裂《げんすうぶんれつ》のさいに1対《つい》の染色体《せんしょくたい》が合体し、そのあと分かれて1本ずつ1個《こ》の配偶子内《はいぐうしない》に入っていくことをしめした。これは、「分離《ぶんり》」の物質的基礎《ぶっしつてききそ》だった。形質《けいしつ》がそれぞれ別々の染色体上《せんしょくたいじょう》にあるかぎり、それらの形質《けいしつ》は、メンデルの「独立《どくりつ》の法則《ほうそく》」にしたがって遺伝《いでん》していくはずだ。

だが、この法則《ほうそく》をすべての場合にあてはめるには無理がある。というのは、個々《ここ》の形質《けいしつ》は「生殖細胞《せいしょくさいぼう》に生《しょう》じる染色体《せんしょくたい》の数をこえることはできない」はずだからだ。しかし、サットンの観察によると、「1本の染《せん》

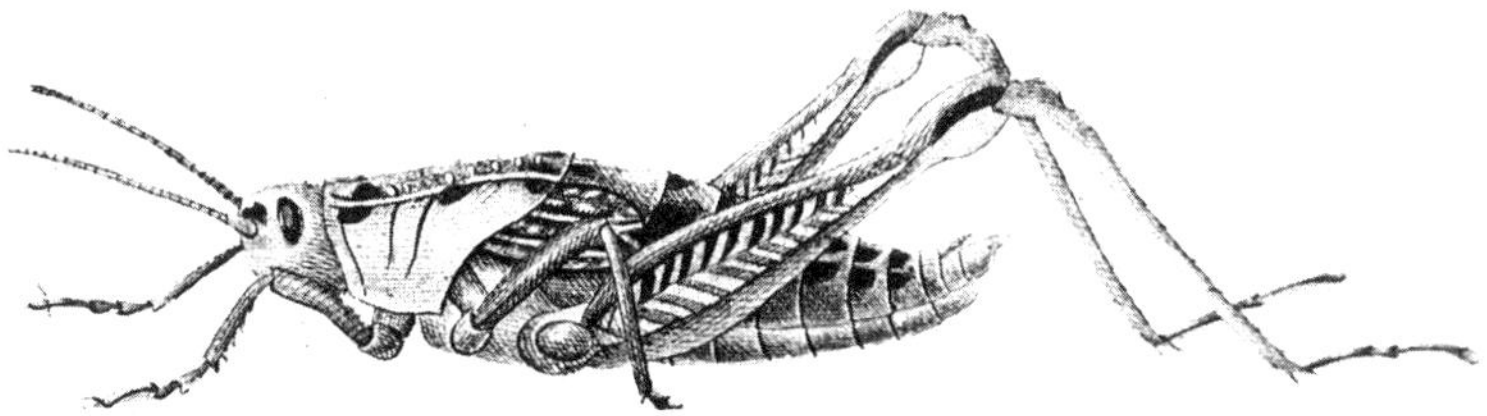

バッタの一種ブラキストラ・マグナ
サットンはこのバッタで、対《つい》になった染色体《せんしょくたい》を観察した。T. ド・シャルパンティエ『直翅目《ちょくしもく》』（1845）より。

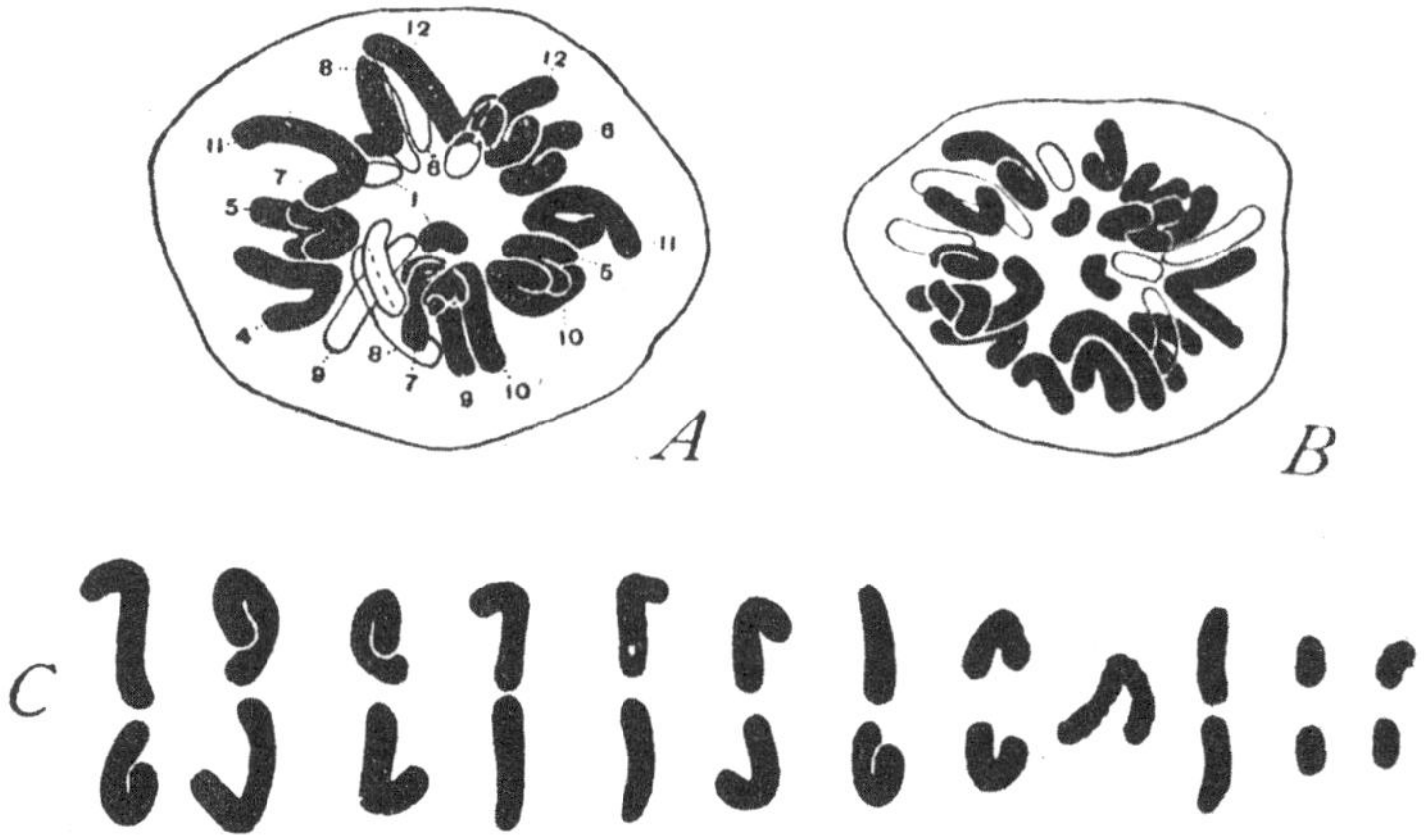

オスのバッタの染色体《せんしょくたい》を対《つい》にならべてしめす（E. E. カロザース、1913）。

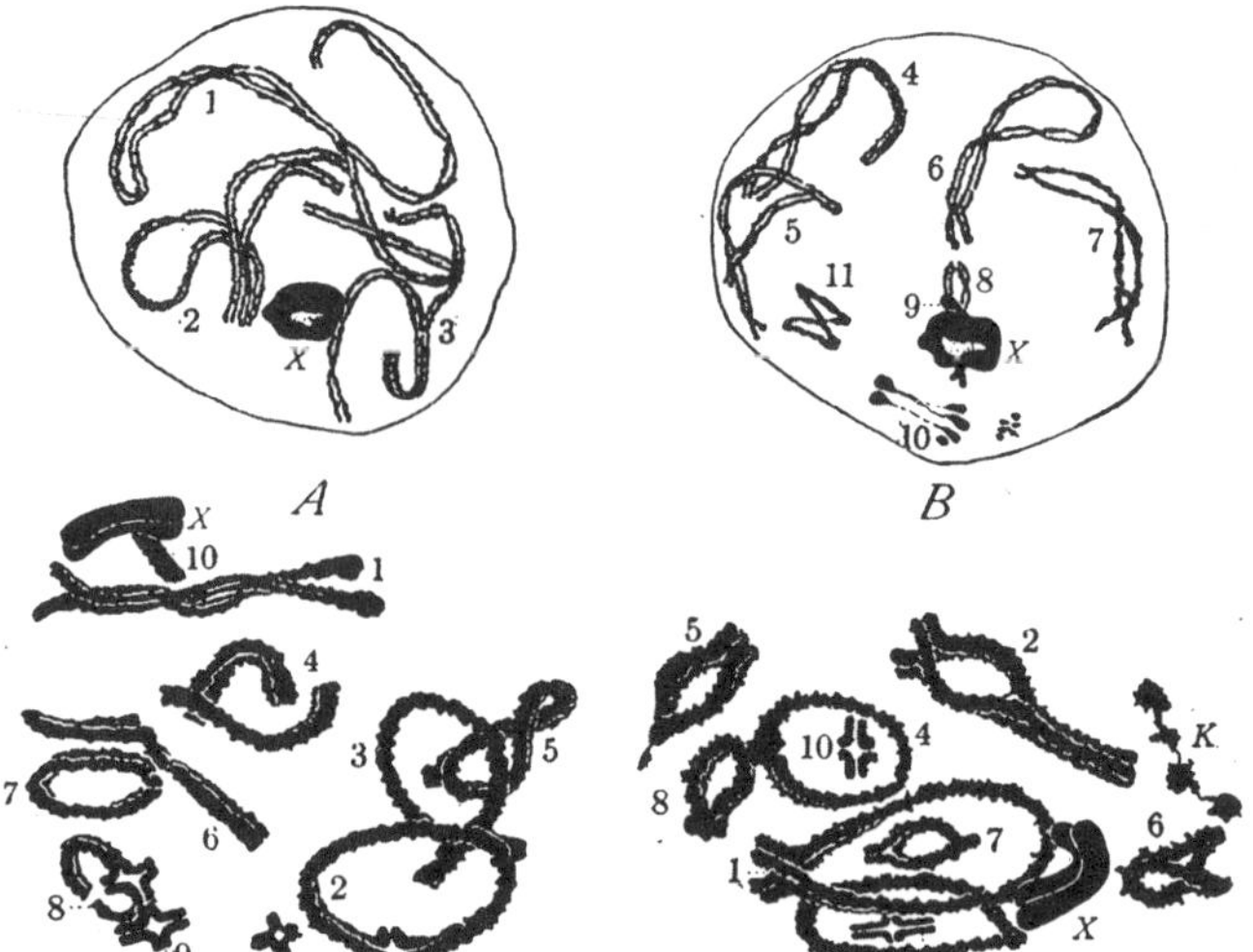

バッタでの減数分裂《げんすうぶんれつ》（A→Dの順で）の初期（W. S. サットン、1902）

色体《しょくたい》であらわされる対立形質《たいりつけいしつ》（因子《いんし》）は、すべていっしょに遺伝《いでん》されなければならないことになる」。

サットンは、同じ染色体上《せんしょくたいじょう》に多数の因子《いんし》が存在《そんざい》することができて、それらがいっしょに遺伝《いでん》されていくことを明らかにした。

メンデルの因子《いんし》に「遺伝子《いでんし》」という名をつけたのは、デンマークのウィルヘルム・ヨハンセン（1857～1927年）。1909年のことだった。

もしも、メンデルがブルノの修道院《しゅうどういん》でくらし、その庭で研究をしなかったとしても、いずれ遺伝《いでん》の法則《ほうそく》は発見されただろう。しかし、遺伝《いでん》の法則《ほうそく》が理解《りかい》されるには、細胞《さいぼう》の構造《こうぞう》が明らかになり、遺伝物質《いでんぶっしつ》のなぞが解《と》きあかされるまで待たなければならなかった。

1900年代になってようやく、人びとのあいだにこうした理論《りろん》を受けいれる素地《そじ》ができてきたのだ。

時代はやっとメンデルに追いついた。メンデルの考えがいかに時代に先がけたものだったかがわかるだろう……。

メンデル略年表《りゃくねんぴょう》

1753年	C・リンネが、2種類の雑種植物《ざっしゅしょくぶつ》を新種として記載《きさい》する
1760年	J・G・ケールロイターが、はじめて実験で雑種植物《ざっしゅしょくぶつ》をつくる
1822年	7月 オーストリアの小さな村で、ヨハン・メンデル生まれる
1833年	リプニクの学校で学ぶ
1834年	オパヴァの王立ギムナジウムに転校
1838年	M・シュライデンが、『植物発生論《しょくぶつはっせいろん》』を発表
1839年	T・シュワンが『動物および植物の構造《こうぞう》と成長の一致《いっち》に関する顕微鏡的研究《けんびきょうてきけんきゅう》』を発表
1841年	オロモウツ大学の付属哲学学校《ふぞくてつがくがっこう》で学ぶ
1843年	ブルノのアウグスチノ会修道院《しゅうどういん》に入り、修道名《しゅうどうめい》「グレゴール」をさずかる
1847年	司祭に任命《にんめい》される J－B・アミチが、『ランの受精《じゅせい》について』を発表 W・ハーバートが、『植物での雑種《ざっしゅ》について』を発表

1849年	K・F・フォン・ゲルトナーが、『植物界における雑種《ざっしゅ》に関する実験および観察』を発表 ズノイモの王立高等学校（ギムナジウム）の代用教員になる
1850年	正教員となるための資格《しかく》試験《しけん》に失敗
1851年	ウィーン大学で物理学と生物学を学ぶ
1852年	F・ウンガーが、『植物学便り《しょくぶつがくだより》』を発表
1853年	ウィーンの動植物学会で、カブの害虫のガについての論文《ろんぶん》を発表 ブルノ高等実業学校《こうとうじつぎょうがっこう》で物理学および博物学の代用教員となる
1854年	ウィーンの動植物学会にエンドウの害虫マメゾウムシについて寄稿《きこう》し、発表される
1856年	エンドウの実験をはじめる
1859年	C・ダーウィンが、『自然選択《しぜんせんたく》による種《しゅ》の起源《きげん》について』を発表
1863年	エンドウの実験完了
1865年	2月8日と3月8日に、ブルノ自然研究会で『雑種植物《ざっしゅしょくぶつ》の研究』の内容を発表する M・ヴィヒュラが、『植物界における雑種《ざっしゅ》』を発表

1866年	『雑種植物《ざっしゅしょくぶつ》の研究』の論文《ろんぶん》がブルノ自然研究会の会報に発表される
1868年	ブルノの修道院長《しゅうどういんちょう》に選ばれる
1881年	W・O・フォッケが、『植物雑種《しょくぶつざっしゅ》』を発表
1884年	61歳《さい》にて死去
1888年	「染色体《せんしょくたい》」という用語がはじめて使われる
1889年	H・ド・フリースが、『細胞内《さいぼうない》パンゲン説』を発表
1900年	4月　H・ド・フリースが、『雑種《ざっしゅ》の分離《ぶんり》の法則《ほうそく》について』を発表 5月　C・コレンスが、『雑種品種《ざっしゅひんしゅ》の子孫の行動についてのG・メンデルの法則《ほうそく》』を発表 6月　E・フォン・チェルマクが、『エンドウにおける実験的交雑《じっけんてきこうざつ》について』を発表
1902年	W・ベイトソンが、『メンデルの遺伝原理《いでんげんり》』を発表
1903年	W・S・サットンが、『バッタでの染色体群《せんしょくたいぐん》の形態学《けいたいがく》について』を発表

た

な

は

さ

索《さく》 引《いん》

太数字は，キャプション

作者—ウィルマ・ジョージ（Wilma George）

オックスフォード大学のレディー・マーガレット・ホールとサマービル・カレッジで特別研究員および講師《こうし》をつとめる。大学では動物学・遺伝学《いでんがく》・科学史の講義《こうぎ》を受けもつ。著《ちょ》書《しょ》に『Elementary Genetics（遺伝学入門《いでんがくにゅうもん》）』『動物地理学』『Biologist Philosopher（生命の哲学者《てつがくしゃ》）』『動物と地図』がある。夫は小説家のジョージ・クローザー。

訳者—新美景子（にいみ・けいこ）

東京都生まれ。おもに児童向けノンフィクションの翻訳・執筆にたずさわる。訳書に『生物学』『人体』『有袋類のこと』（ともに玉川大学出版部）など。著書に『ペットの幸福度』『環境とエネルギー』（ともに大月書店）など。科学読物研究会会員。

装画：小平彩見
装丁：中浜小織（annes studio）
協力：河尻理華

編集・制作：株式会社 本作り空 Sola

世界《せかい》の伝記《でんき》 科学《かがく》のパイオニア

メンデルと遺伝《いでん》

2016年5月10日　初版第1刷発行

作　者――ウィルマ・ジョージ
訳　者――新美景子
発行者――小原芳明
発行所――玉川大学出版部
〒194-8610　東京都町田市玉川学園6-1-1
TEL 042-739-8935　FAX 042-739-8940
http://www.tamagawa.jp/up/
振替：00180-7-26665
編集　森　貴志
印刷・製本――図書印刷株式会社

乱丁・落丁本はお取り替えいたします。

ISBN978-4-472-05969-8　C8323 / NDC289